历史学统考

真题实战

主编 范无聊

10套统考真题
（2016——2025）
+
1套压轴模拟卷

山东人民出版社·济南
国家一级出版社 全国百佳图书出版单位

目录

题本

真题试卷

点睛卷

2016年全国硕士研究生招生考试
历史学基础试题

（科目代码：313）

考生注意事项

1.答题前，考生须在试题册指定位置上填写考生姓名和考生编号；在答题卡指定位置上填写报考单位、考生姓名和考生编号，并涂写考生编号信息点。

2.选择题的答案必须涂写在答题卡相应题号的选项上，非选择题的答案必须书写在答题卡指定位置的边框区域内。超出答题区域书写的答案无效；在草稿纸、试题册上答题无效。

3.填（书）写部分必须使用黑色字迹签字笔或者钢笔书写，字迹工整、笔迹清楚；涂写部分必须使用2B铅笔填涂。

4.考试结束，将答题卡和试题册按规定交回。

一、单项选择题：1—20小题，每小题2分，共40分。下列每题给出的四个选项中，只有一个选项符合题目要求

1. 以“蛋壳黑陶”为代表的史前文化是

A. 大汶口文化　　B. 龙山文化

C. 仰韶文化　　D. 良渚文化

2. 王莽改制在经济方面的新举措是

A. 算缗告缗　　B. 盐铁官营

C. 均输平准　　D. 五均六筦

3. 东晋南朝时，推动佛教在江南传播的高僧是

A. 僧肇　　B. 佛图澄

C. 慧远　　D. 鸠摩罗什

4. 隆庆年间，与明朝廷订立和议的蒙古鞑靼部首领是

A. 也先　　B. 阿鲁台

C. 达延汗　　D. 俺答汗

5. 下列关于清朝官员的选项中，按照官品高低顺序排列的是

A. 巡抚、按察使、巡检、布政使、知县

B. 巡检、巡抚、按察使、布政使、知县

C. 巡抚、布政使、按察使、知县、巡检

D. 巡抚、布政使、按察使、巡检、知县

6. 第一次鸦片战争期间，英军伤亡人数最多的战役是

A. 虎门之战　　B. 镇江之战

C. 乍浦之战　　D. 广州之战

7. 根据海关统计，1867—1884 年，占中国进口商品值首位的外国商品是

A. 鸦片　　B. 洋布

C. 棉纱　　D. 煤油

8. 下面各组报刊中，全部由革命党人创办的是

A.《知新报》《中国日报》《民立报》

B.《申报》《民报》《民立报》

C.《知新报》《民报》《时报》

D.《中国日报》《二十世纪之支那》《民立报》

9. 聂荣臻领导创建的抗日根据地是

A. 冀中根据地　　B. 晋察冀根据地

C. 晋西北根据地　　D. 晋冀豫根据地

10. 从 1953 年起，国家对民族资本主义企业的利润采取“四马分肥”的分配形式，“四马”指

A. 国家税收、职工福利、企业公积金、资本家股息红利

B. 国家公债、职工福利、企业公积金、资本家股息红利

C. 国家税收、国家公债、职工福利、资本家股息红利

D. 国家税收、国家公债、职工工资、企业公积金

11. 著名的卡纳克神庙和卢克索神庙的大规模修建是在古埃及

A. 古王国时期　　B. 中王国时期

C. 第二中间期　　D. 新王国时期

12. 西欧中世纪的封建制度中，封臣对封君承担的最主要义务是

A. 服徭役　　B. 交地租

C. 服军役　　D. 交猎物

13. 日本文学史上第一部长篇小说《源氏物语》的作者是平安时代女作家

A. 和泉式部　　B. 清少纳言

C. 藤原道纲母　　D. 紫式部

14. 印度德里苏丹时期实行国家土地所有制，苏丹以服军役为条件分封给穆斯林战士的土地称为

A. 伊克塔　　B. 瓦克夫

C. 伊纳姆　　D. 哈斯

15. 文艺复兴时期西班牙杰出的现实主义作家是

A. 乔叟　　B. 拉伯雷

C. 塞万提斯　　D. 伊拉斯谟

16.1794 年，法国平等派领袖弗朗索瓦・巴贝夫借用古代人名，改称格拉古・巴贝夫，这个古代人是

A. 古罗马的保民官　　B. 古希腊的智者

C. 古埃及的祭司　　D. 古罗马的角斗士

17.19 世纪 70 年代，德国俾斯麦政府为打击天主教中央党而采取的措施被称为

A.“文化斗争”　　B. 大陆政策

C. 铁血政策　　D.“非常法”

18.1878 年，埃及以伊斯迈尔为首的内阁被称为“欧洲人内阁”，是因为其要员有

A. 英国人和德国人　　B. 英国人和荷兰人

C. 英国人和法国人　　D. 法国人和俄国人

19.1898 年美西战争结束后，交战双方签订了

A.《华盛顿和约》　　B.《巴黎和约》

C.《旧金山和约》　　D.《桑洪条约》

20.1973 年底爆发的资本主义世界经济危机始于

A. 美国　　B. 英国

C. 法国　　D. 意大利

二、名词解释：21—28 小题，每小题 10 分，共 80 分

21. 弭兵运动　　22. 嘉定和议

23. 明代司礼监　　24.“十通”（写出书名即可）

25.《查士丁尼战争史》　　26. 壬申之乱

27. 美国“文官条例”（1883 年）　　28. 阿拉曼战役

三、史料分析题：29—30 小题，每小题 30 分，共 60 分

29. 阅读下列材料，并结合所学知识回答问题

材料一

当鸦片未盛行之时，吸食者不过害及其身，故杖徒已足蔽辜；迨流毒于天下，则为害甚巨，法当从严。若犹泄泄视之，**是使数十年后，中原几无可以御敌之兵，且无可以充饷之银**，兴思及此，能无股栗？

——林则徐《钱票无甚关碍宜重禁吃烟以杜弊源片》

材料二

夫震于英吉利之名者，以其船坚炮利而称其强，以其奢靡挥霍而艳其富。不知该夷兵船笨重，吃水深至数丈，只能取胜外洋，破浪乘风是其长技；惟不与之在洋接仗，其技即无所施……且夷兵除枪炮之外，击刺步伐俱非所娴，而其腿足缠束紧密，屈伸皆所不便，若至岸上，更无能为，是其强非不可制也。

——林则徐等《英人非不可制应严谕将英船新到烟土查明全缴片》

材料三

自具结之后，查验他国夷船，皆已绝无鸦片，惟英逆不遵法度，且肆鸱张，是以特奉谕旨断其贸易。然未有**浙洋之事**，或尚可以仰恳恩施。今既攻占城池，戕害文武，逆情显著，中外咸闻，非惟难许通商，自当以威服叛。第恐议者以为内地船炮非外夷之敌，与其旷日持久，何如设法**羁縻**。抑知夷性无厌，得一步又进一步，若使威不能克，即恐患无已时……若前此以关税十分之一制炮造船，则制夷已可裕如，何至尚形棘手？……但粤东关税，既比他省丰饶，则以通夷之银，量为防夷之用。从此制炮必求极利，造船必求极坚。似经费可以酌筹，即裨

益实非浅鲜矣。

——林则徐《密陈办理禁烟不能歇手片》

问题：

（1）简单解释材料一中的“是使数十年后，中原几无可以御敌之兵，且无可以充饷之银”和材料三中的“浙洋之事”“羁縻”的含义（12 分）

（2）简析材料二和材料三中林则徐对抵抗夷人入侵的看法（18 分）

30. 阅读下列材料，并结合所学知识回答问题

下文为雅典城邦通过的一项法令铭文：

诸神在上。**议事会（Boule）**[和]**人民（Demos）**决议如下：（其时）俄依涅斯（Oineis）部落担任主席团，[斯浦]狄阿斯（Spoundias）担任书记官，[……]昂（-on）主持公民大会，克莱尼[阿斯（Kleinias）提案]：议事会、[驻]各邦总督和监察官应负责每年征收贡金，并上交至雅典。应为各邦预备封印，以使押运贡金者无法欺瞒。每个城邦都要在刻板上刻录下进献的贡金数额，盖印封好，送交雅典。押运者要把刻板上交议事会，在他们交纳贡金时宣读。主席团应在**狄奥尼索斯节**后召集公民大会，以让希腊司库向雅典人公布哪些城邦已全额缴纳贡金，哪些城邦尚还拖欠。这些应[……]分别宣读。雅典人应选派 4 个代表，[派遣他们去]各城邦，分送[已收贡金]的凭据并催交尚还[拖欠的]……如果任何雅典[人或盟友在贡金方面犯罪]……任何[雅典]人或盟友如果愿意，[都可以]向[主席团]指控他。主席团应向议事会汇报[所提出的任何指控]，[否则]将被认定受贿，每个成员（可被罚款）[……德拉克马]。[至于]被议事会指控[者]，不应由它进行[审判]，[而是立即]移交[陪审法庭]……

——奥古斯特·博克等编《希腊铭文集成》（Inscriptiones Graecae）

说明：（ ）内为译者增加的说明性文字。[ ] 内为碑铭学家补缺的残损铭文。[……] 表示无法恢复的残损铭文。……表示译者省略的铭文部分。

德拉克马为古代希腊的货币单位。

问题：

（1）铭文中的“议事会”（Boule）和“人民”（Demos）分别特指什么？“狄奥尼索斯节”是指什么节日？这段铭文属于什么时期？（12 分）

（2）概述雅典的盟邦政策及其影响（18 分）

四、论述题：31—33 小题，每小题 40 分（其中主体内容占 30 分，论述组织占 10 分），共 120 分（要求：史实准确，史论结合，逻辑清楚，文字流畅）

31. 概括秦朝与隋朝的共同点，论述秦、隋统治的历史作用

32. 论述 1895—1919 年中日两国的政治与文化关系

33. 论述华沙条约组织的形成背景、内容及其影响

2017年全国硕士研究生招生考试
历史学基础试题

（科目代码：313）

考生注意事项

1. 答题前，考生须在试题册指定位置上填写考生姓名和考生编号；在答题卡指定位置上填写报考单位、考生姓名和考生编号，并涂写考生编号信息点。

2. 选择题的答案必须涂写在答题卡相应题号的选项上，非选择题的答案必须书写在答题卡指定位置的边框区域内。超出答题区域书写的答案无效；在草稿纸、试题册上答题无效。

3. 填（书）写部分必须使用黑色字迹签字笔或者钢笔书写，字迹工整、笔迹清楚；涂写部分必须使用2B铅笔填涂。

4. 考试结束，将答题卡和试题册按规定交回。

一、单项选择题：1—20小题，每小题2分，共40分。下列每题给出的四个选项中，只有一个选项符合题目要求

1. 主要分布于黄河上游地区的新石器文化是

A. 仰韶文化　　B. 龙山文化

C. 马家窑文化　　D. 河姆渡文化

2. 西汉与匈奴的“和亲”始于

A. 汉高祖　　B. 汉文帝

C. 汉武帝　　D. 汉元帝

3. 魏晋时期玄学盛行，玄学家研究的三个重要文本被称为“三玄”。它们是

A.《周礼》《诗经》《论语》　　B.《大学》《中庸》《论语》

C.《论语》《孟子》《孝经》　　D.《老子》《庄子》《周易》

4. 东林书院著名楹联“风声雨声读书声，声声入耳；家事国事天下事，事事关心”的作者是

A. 李贽　　B. 王守仁

C. 顾炎武　　D. 顾宪成

5. 明清之际兴起了一批手工业发达、商业繁盛的市镇，其中号称“天下四大镇”的是

A. 佛山镇、景德镇、汉口镇、朱仙镇

B. 佛山镇、景德镇、汉口镇、盛泽镇

C. 佛山镇、景德镇、盛泽镇、朱仙镇

D. 景德镇、汉口镇、朱仙镇、盛泽镇

6. 普遍装备洋枪洋炮的清朝军队开始出现在

A. 第一次鸦片战争期间　　B. 太平天国战争期间

C. 中法战争期间　　D. 甲午中日战争期间

7. 下列文献中，首先提出了建立“中华共和国”的是

A.《兴中会宣言》　　B.《警世钟》

C.《革命军》　　D.《中国同盟会革命方略》

8. 袁世凯之后，依次继任中华民国大总统的是

A. 黎元洪、冯国璋、段祺瑞、徐世昌、曹锟

B. 段祺瑞、黎元洪、冯国璋、曹锟、徐世昌

C. 黎元洪、冯国璋、黎元洪、曹锟、徐世昌

D. 黎元洪、冯国璋、徐世昌、黎元洪、曹锟

9.20 世纪 20 年代，中国共产党正式确定国共合作的方针是在

A. 中共一大　　B. 中共二大

C. 中共三大　　D. 中共四大

10.20 世纪 60 年代开始，中国进行了以战备为中心的“三线建设”，下列属于“大三线”的省区是

A. 四川、贵州、云南　　B. 湖北、吉林、云南

C. 山东、贵州、福建　　D. 四川、江西、贵州

11. 古埃及新王国时期，曾率军在麦吉多与卡迭什为首的联军会战的是

A. 图特摩斯一世　　B. 图特摩斯三世

C. 雅赫摩斯一世　　D. 拉美西斯二世

12. 世界历史上已知最早的法典是

A.《乌尔纳姆法典》　　B.《汉穆拉比法典》

C.《亚述法典》　　D.《赫梯法典》

13. 著有《沉思录》，被后人称为哲学家的罗马皇帝是

A. 图拉真　　B. 哈德良

C. 安敦尼・庇乌斯　　D. 马可・奥勒略

14. 中国古代史书中称为“绿衣大食”的什叶派王朝是

A. 阿拔斯王朝　　B. 法蒂玛王朝

C. 倭马亚王朝　　D. 阿尤布王朝

15. 今墨西哥合众国国徽中鹰吃蛇图案源自古代印第安人的传说。这支印第安人是

A. 玛雅人　　B. 阿兹特克人

C. 印加人　　D. 托尔托克人

16.19 世纪英国文学家狄更斯的《双城记》的“双城”是

A. 伦敦和爱丁堡　　B. 伦敦和巴黎

C. 巴黎和马赛　　D. 伦敦和都柏林

17. 在拉丁美洲最先反抗殖民统治并建立第一个黑人共和国的是

A. 秘鲁　　B. 墨西哥

C. 智利　　D. 海地

18.1882 年日本迫使朝鲜签订不平等条约，攫取在朝鲜驻兵权。该条约是

A.《江华条约》　　　　B.《济物浦条约》

C.《乙巳保护条约》　　　　D.《日韩合并条约》

19. 斯宾格勒是“文化形态史学”的创立者，其代表作是

A.《封建社会》　　　　B.《历史研究》

C.《历史哲学》　　　　D.《西方的没落》

20. 首先取得“克隆羊”实验成功的国家是

A. 英国　　　　B. 美国

C. 日本　　　　D. 法国

二、名词解释：21—28 小题，每小题 10 分，共 80 分

21. 土断　　　　22. 广学会

23. 济南惨案　　　　24. 七千人大会

25. 路卡会议（卢卡会议）　　　　26. 北方战争

27. 罗莎·卢森堡　　　　28. 水门事件

三、史料分析题：29—30 小题，每小题 30 分，共 60 分

29. 阅读下列材料，并结合所学知识回答问题

材料一

太祖皇帝嘗令後院造一薰籠，數日不至。帝怒，責左右，對以事下尚書省，尚書省下本部，本部下本寺，本寺下本局，覆奏，又得旨，依方下製造，乃進御，以經歷諸處故也。帝怒，問宰相趙普曰：“我在民間時，用數十錢可買一薰籠，今爲天子，乃數日不得。何也？”普曰：“此是自來**條貫**，不爲陛下設，乃爲陛下子孫設。使後代子孫若非理製造奢侈之物，破壞錢物，以經諸處行遣，須有**臺諫**理會。此條貫深意也。”太祖大喜曰：“此條貫極妙。”

——（宋）《楊萬裏集》

材料二

宋官制載：嬪御久不得遷，屢有幹請，上答以無典故，朝廷不肯行。或對曰：“聖人出口爲敕，誰敢不從？”上笑曰：“汝不信，試爲降旨政府。”**政府奏無法**，上收以示嬪御曰：“**凡事必與大臣僉議**，方爲詔敕。”或有只請御筆進官者，上取彩箋書某宫某氏特轉某官。衆忻謝而退。至給俸時，各出御書請增俸，**有司**不用，退還。復訴於上前，上笑曰：“果如是。”諸嬪對上毀其御書曰：“元來使不得。”上笑而遣之，時咸服仁宗之聖斷。

——（元）盛如梓《庶齊志學叢談》

問題：

（1）解释材料中五处加着重号的词句（10 分）

（2）概括材料所体现的北宋前期有关制度运行的特点，并谈谈你的认识（20 分）

30. 阅读下列材料，并结合所学知识回答问题

材料

（1887 年恩格斯说）最后，对于……德意志来说，现在**除了世界战争以外已经不可能有任何别的战争了**。这会是一场具有空前规模和空前剧烈的世界战争。那时会有 800 万到 1000

万的士兵彼此残杀，同时把整个欧洲都吃得干干净净，比任何时候的蝗虫群还要吃得厉害。三十年战争所造成的大破坏集中在三四年里重演出来并遍及整个大陆；到处是饥荒、瘟疫，军队和人民群众因极端困苦而普遍野蛮化；我们在商业、工业和信贷方面的人造机构陷于无法收拾的混乱状态，其结果是普遍的破产；旧的国家及其世代相因的治国才略一起崩溃，以致**王冠成打地滚在街上而无人拾取**；绝对无法预料，这一切将怎样了结，谁会成为斗争中的胜利者；只有一个结果是绝对没有疑问的，那就是普遍的衰竭和为**工人阶级的胜利**造成条件。

——《马克思恩格斯全集》

问题：

（1）如何理解材料中“除了世界战争以外已经不可能有任何别的战争了”的判断？哪次战争验证了恩格斯所预见的“世界战争”？（18 分）

（2）哪些史实印证了恩格斯“王冠成打地滚在街上而无人拾取”的预言？哪一重大历史事件验证了“工人阶级的胜利”？（12 分）

四、论述题：31—33 小题，每小题 40 分（其中主体内容占 30 分，论述组织占 10 分），共 120 分（要求：史实准确，史论结合，逻辑清楚，文字流畅）

31. 论述 4—7 世纪中古印度的政治、经济、文化的主要变化

32. 论述乾嘉学派出现的背景及其在史学方面的代表性成就

33. 论述 1937—1945 年苏日、苏中关系

2018年全国硕士研究生招生考试
历史学基础试题

（科目代码：313）

考生注意事项

1. 答题前，考生须在试题册指定位置上填写考生姓名和考生编号；在答题卡指定位置上填写报考单位、考生姓名和考生编号，并涂写考生编号信息点。

2. 选择题的答案必须涂写在答题卡相应题号的选项上，非选择题的答案必须书写在答题卡指定位置的边框区域内。超出答题区域书写的答案无效；在草稿纸、试题册上答题无效。

3. 填（书）写部分必须使用黑色字迹签字笔或者钢笔书写，字迹工整、笔迹清楚；涂写部分必须使用2B铅笔填涂。

4. 考试结束，将答题卡和试题册按规定交回。

一、单项选择题：1—20小题，每小题2分，共40分。下列每题给出的四个选项中，只有一个选项符合题目要求

1. 下列考古发现的古人类中，与今中国人渊源最为直接的是

A. 元谋人　　B. 北京人

C. 丁村人　　D. 山顶洞人

2. 西周前期，曾先后向东、南和西三个方向扩张，其中向南扩张主要发生在

A. 成王时期　　B. 穆王时期

C. 昭王时期　　D. 宣王时期

3. 韩愈学说的核心是“道统论”，其“道”是指

A. 正宗的儒家学说　　B. 道家的本体论

C. 事物运行的规律　　D. 阴阳变化的根本

4. 宋代至清代我国书籍印刷的主要方式是

A. 泥活字印刷　　B. 木活字印刷

C. 雕版印刷　　D. 铜活字印刷

5. 刺绣是中国的传统工艺，清代有“四大名绣”之说。四大名绣是

A. 苏绣、粤绣、湘绣、蜀绣　　B. 汴绣、越绣、苏绣、闽绣

C. 汴绣、粤绣、湘绣、闽绣　　D. 苏绣、鲁绣、湘绣、蜀绣

6. 林则徐主持编译的《四洲志》，介绍了世界各国的史地。鸦片战争后，主要以《四洲志》为基础成书的重要著作是

A.《海国图志》　　B.《瀛环志略》

C.《中西纪事》　　D.《各国革命史略》

7. 在晚清，数以百万计的中国人被欺骗、拐卖至海外，从事奴隶般的劳动。使西方国家“招募”

华工出国合法化的不平等条约是

A. 中英《南京条约》　　B. 中英、中法《天津条约》

C. 中英《通商章程善后条约》　　D. 中英、中法《北京条约》

8. 中国近代对甲骨学研究作出卓越贡献，被学界誉为“甲骨四堂”的四位学者是

A. 孙诒让、罗振玉、陈垣、顾颉刚

B. 罗振玉、王国维、董作宾、郭沫若

C. 王懿荣、陈寅恪、王国维、郭沫若

D. 吴其昌、董作宾、陈寅恪、陈垣

9. 五四运动后，马克思主义在中国广泛传播。1920 年在上海出版了最早的《共产党宣言》中文全译本，译者是

A. 陈独秀　　B. 李大钊

C. 杨匏安　　D. 陈望道

10. 中华人民共和国成立后，中国人民解放军不断加强革命化、现代化、正规化建设，兵役制度改革是其中一项重要内容。由志愿兵役制改为义务兵役制是在 20 世纪

A.50 年代　　B.60 年代

C.70 年代　　D.80 年代

11. 历史学家将古埃及历史上的动乱时期称为“中间期”。集中反映古埃及第一中间期社会基本状况的文献是

A.《萨勒纸草》　　B.《维勒布尔纸草》

C.《桡夫长雅赫摩斯传》　　D.《聂非尔列胡预言》

12. 现存迈锡尼线形文字 B 的材料绝大多数叙述的是迈锡尼的

A. 经济状况　　B. 政治状况

C. 军事组织　　D. 建筑艺术

13. 公元前 3 世纪，罗马在扩张过程中与西地中海强国发生的战争是

A. 布匿战争　　B. 马其顿战争

C. 叙利亚战争　　D. 萨莫奈战争

14. 伴随城市工商业的发展，中世纪西欧的集市较为普遍，其中最著名的是

A. 威尼斯集市　　B. 汉堡集市

C. 波士顿集市　　D. 香槟集市

15. 德里苏丹国（1206—1526 年）是印度历史上第一个较为稳固的伊斯兰教政权。该时期印度的官方语言是

A. 梵语　　B. 波斯语

C. 阿拉伯语　　D. 印地语

16. 年鉴学派开创了总体史研究方法，其代表人物马克·布洛赫研究中世纪的代表作是

A.《封建社会》　　B.《圣路易》

C.《中世纪文明》　　D.《中世纪的知识分子》

17.17—18 世纪，受启蒙运动思想的影响，欧洲出现了一些开明君主。被誉为俄国开明君主的是

A. 尼古拉二世　　　　　　　　　　B. 叶卡捷琳娜二世

C. 亚历山大一世　　　　　　　　　D. 彼得一世

18. 在主要西方国家，妇女获得选举权经历了一个漫长过程。美国宪法赋予妇女选举权始于

A.19 世纪 60 年代　　　　　　　B.19 世纪 90 年代

C.20 世纪 20 年代　　　　　　　D.20 世纪 60 年代

19. 第二次世界大战后，存在主义哲学盛行于西方，下列属于其代表人物的是

A. 罗素、维特根斯坦　　　　　　B. 叔本华、海德格尔

C. 罗素、雅斯贝尔斯　　　　　　D. 海德格尔、雅斯贝尔斯

20.20 世纪 60 年代后，取得独立的非洲各国都努力探索各自的发展道路，多数国家的经济体制是

A. 市场经济　　　　　　　　　　B. 计划经济

C. 混合经济　　　　　　　　　　D. 部落经济

二、名词解释：21—28 小题，每小题 10 分，共 80 分

21.《大唐西域记》　　　　　　　22. 江南制造总局

23. 新生活运动　　　　　　　　　24.《八一宣言》

25. 君士坦丁大帝　　　　　　　　26. 参觐交代

27. 考迪罗主义　　　　　　　　　28.《非统组织宪章》

三、史料分析题：29—30 小题，每小题 30 分，共 60 分

29. 阅读下列材料，并结合所学知识回答问题

材料

古者诸侯并争，胜负无恒，而他善必称，己恶不讳。逮乎近古，无闻至公，国自称为我长，家相谓为彼短。**而魏收以元氏出于边裔，见侮诸华，遂高自标举，比桑乾于姬、汉之国；曲加排抑，同建邺于蛮貊之邦**。夫以敌国相仇，交兵结怨，载诸移檄，用可致诬，列诸缃素，难为妄说。苟未达此义，安可言于史邪……自梁、陈已降，隋、周而往，诸史皆贞观年中群公所撰，近古易悉，情伪可求。至如朝廷贵臣，必父祖有传，考其行事，皆子孙所为，而访彼流俗，询诸故老，事有不同，言多爽实。昔秦人不死，验苻生之厚诬；蜀老犹存，知葛亮之多枉。斯则自古所叹，岂独于今哉！**盖史之为用也，记功司过，彰善瘅恶，得失一朝，荣辱千载**。苟违斯法，岂曰能官。但古来唯闻以直笔见诛，不闻以曲词获罪。是以隐侯《宋书》多妄，萧武知而勿尤；伯起《魏史》不平，齐宣览而无谴。故令史臣得爱憎由己，高下在心，进不惮于公宪，退无愧于私室，欲求实录，不亦难乎？

——《史通·曲笔》

问题：

（1）概述材料中两处加点句子的大意（12 分）

（2）概括材料中所揭示的魏晋南北朝正史中出现“曲笔”的原因（18 分）

30. 阅读下列材料，并结合所学知识回答问题

材料一

1870 年代初的南部，虽然也不时出现针对黑人的种族暴行，但在日常生活中，**黑人基本**

能与白人同车船、共饭桌、游公园。但这种情况并没有持续多久。随着前白人奴隶主“重新夺回”南部各州政权，许多州在维护社会秩序名义下，制定了各种法律，规定黑人与白人必须分开使用公共设施。一些州相继通过乘车隔离法，严禁黑人和白人乘客混坐同一节车厢或同一车厢的同一部分。联邦最高法院在 1896 年对“普莱西诉弗格森案”的判决，最终确立了“**隔离但平等**”的原则。

——摘编自任东来等《在宪政的舞台上——美国最高法院的历史轨迹》

材料二

所有的人均有应该完全的、平等的并且排除任何基于种族、肤色、宗教信仰或者其民族而产生的歧视或者隔离的享用任何公共膳宿处提供的各种货物物品、服务、设施和位于任何地方的根据本条所定义的公共膳宿处所提供的好处、便利以及膳宿服务的完全的、且平等的权利，而不受任何基于种族、肤色、宗教或者民族的歧视或隔离。

——摘自美国 1964 年《民权法》

问题：

（1）19 世纪 70 年代初的美国南部，为什么“黑人基本能与白人同车船、共饭桌、游公园”？（12 分）

（2）根据材料，分析美国“隔离但平等”原则形成和废除的原因（18 分）

四、论述题：31—33 小题，每小题 40 分（其中主体内容占 30 分，论述组织占 10 分），共 120 分（要求：史实准确，史论结合，逻辑清楚，文字流畅）

31. 论述元朝统一的历史意义

32. 论述拜占庭帝国、阿拉伯帝国和中世纪西欧在传承西方古典文化中的主要作用

33. 论述 1850—1860 年间英、法、俄之间的争斗及在侵华过程中的勾结

2019年全国硕士研究生招生考试
历史学基础试题

（科目代码：313）

考生注意事项

1.答题前，考生须在试题册指定位置上填写考生姓名和考生编号；在答题卡指定位置上填写报考单位、考生姓名和考生编号，并涂写考生编号信息点。

2.选择题的答案必须涂写在答题卡相应题号的选项上，非选择题的答案必须书写在答题卡指定位置的边框区域内。超出答题区域书写的答案无效；在草稿纸、试题册上答题无效。

3.填（书）写部分必须使用黑色字迹签字笔或者钢笔书写，字迹工整、笔迹清楚；涂写部分必须使用2B铅笔填涂。

4.考试结束，将答题卡和试题册按规定交回。

一、单项选择题：1—20小题，每小题2分，共40分。下列每题给出的四个选项中，只有一个选项符合题目要求

1.“钟鸣鼎食”往往用来形容贵族生活。考古发现的青铜乐器“钟”始见于周代遗址，可能存在于

A.四川广汉三星堆遗址　　B.陕西长安普渡村遗址

C.河南安阳殷墟遗址　　D.山西襄汾陶寺遗址

2.西魏实际统治者宇文泰主导的诸多改革奠定了隋唐王朝的统治基础，其中影响最大的

A.建立府兵制　　B.推行计帐法

C.实行六官体制　　D.改用鲜卑姓氏

3.唐初，孔颖达等奉唐太宗之命编定的用于科举取士的官书是

A.《白虎通义》　　B.《五经正义》

C.《四书章句集注》　　D.《十三经注疏》

4.宋代学术思想活跃，流派纷呈，计其要者有蜀学、洛学、关学、闽学等，其中关学的代表人物是

A.苏轼　　B.程颐

C.朱熹　　D.张载

5.明代张居正推行的“一条鞭法”，是继“两税法”之后赋役制度的又一次重大改革。该法在全面推行前曾在南方部分地区试行，最早出现于

A.洪武年间　　B.永乐年间

C.嘉靖年间　　D.万历年间

6.洪仁玕的《资政新篇》在某些方面超出了当时中国人的认知水平，这主要体现在

A.提出了学习西方的整体方案

B. 公开反对中央集权专制制度

C. 丰富了《天朝田亩制度》的主体内容

D. 阐述了“中学为体，西学为用”的思想

7. 清政府被迫签订丧权辱国的《辛丑条约》后，彻底沦为“洋人的朝廷”。最能印证这一说法的是，清政府

A. 允许外国传教士在中国自由传教　B. 给予参与战争的各国“最惠国待遇”

C. 允许欧美各国商人在华开矿设厂　D. 有“义务”镇压人民反抗外国侵略

8. 五四运动爆发后，国内很快出现亲俄“狂飙”和宣传社会主义的浪潮，研究系和国民党人的一些刊物也积极宣传社会主义。引发这一现象的直接原因是

A. 苏俄发表《对华宣言》　B. 巴黎和会的召开

C. 国内工人运动的兴起　D. 马克思主义小组建立

9.1947 年春，国民党军队因全面进攻解放区受挫而实行所谓“重点进攻”战略，集中兵力进攻

A. 东北、陕北解放区　B. 东北、晋察冀解放区

C. 山东、陕北解放区　D. 山东、晋察冀解放区

10.1950 年，人民政府开始全面调整工商业，采取了对私营工商业的加工订货、向农民收购土副产品、用协商方式解决劳资纠纷等措施。这些措施的主要任务是

A. 调整公私关系、劳资关系、轻重工业关系

B. 调整公私关系、工农关系、产销关系

C. 调整公私关系、轻重工业关系、工农关系

D. 调整公私关系、劳资关系、产销关系

11. 波斯帝国是古代世界第一个地跨欧亚非三大洲的帝国，其灭亡标志着西亚北非古代文明的终结。取代波斯帝国的是

A. 孔雀帝国　B. 罗马帝国

C. 亚述帝国　D. 亚历山大帝国

12. 印度列国时期与中国春秋战国时期的历史相比较，二者的相同之处在于

A. 普遍实行君主专制　B. 思想文化空前繁荣

C. 宗教派别林立　D. 海外贸易发达

13. “三世纪危机”后，罗马统治者利用基督教并使其成为帝国统治的精神支柱。标志教会与帝国政权合流的会议是

A. 尼西亚会议　B. 沃姆斯会议

C. 拉特兰会议　D. 萨狄卡会议

14.13 世纪中期至 16 世纪初，埃及大力推动对外贸易，在沟通欧洲与印度洋沿岸、东南亚、中国等的往来中发挥了重要作用。该时期统治埃及的王朝是

A. 马木路克王朝　B. 阿尤布王朝

C. 法蒂玛王朝　D. 图伦王朝

15. 文艺复兴时期，古典文化成为人文艺术家乐于表现的题材。梵蒂冈宫系列壁画中，描绘古典哲学家聚集一堂的作品是

A.《教义论争》　　B.《雅典学院》

C.《创世纪》　　D.《末日的审判》

16. 判断英国工业革命基本完成的主要依据是

A. 改良蒸汽机的广泛运用　　B. 生产关系发生巨大变化

C. 机器制造业的建立和发展　　D. 纺织业技术改造完成

17. 下列能体现《独立宣言》是“一个伟大的历史文件”的表述是

A. 历史上“第一个人权宣言”　　B.《人权宣言》的精神产物

C. 宣告了黑奴的解放　　D. 标志着美国邦联国家的建立

18. 日本明治维新的主要目的是

A. 加强幕府统治　　B. 削弱西南藩权

C. 实现民族振兴　　D. 夺取世界霸权

19. 二战后，为了同苏联争夺更广阔的亚洲、非洲和拉丁美洲地区，建立美国控制下的冷战联盟体系，杜鲁门政府向亚非拉地区推行的经济与技术援助计划是

A.“十四点”原则　　B. 第四点计划

C. 马歇尔计划　　D. 曼哈顿计划

20. 推动欧共体由经济实体向经济、政治、防务实体的方向发展，使欧洲一体化产生质的飞跃的条约是

A.《欧洲煤钢联营条约》　　B.《罗马条约》

C.《布鲁塞尔条约》　　D.《马斯特里赫特条约》

二、名词解释：21—28 小题，每小题 10 分，共 80 分

21. 徐光启　　22.《穿鼻草约》

23. 五卅运动　　24. 瓦窑堡会议

25.《伯罗奔尼撒战争史》　　26. 重商主义

27. 约翰·布朗起义　　28. 南北对话

三、史料分析题：29—30 小题，每小题 30 分，共 60 分

29. 阅读下列材料，并结合所学知识回答问题

材料一

中统五年（公元 1264 年）八月初四日，钦奉圣旨条画内一款：**诸斡脱**（为蒙古王公贵族经营商业与高利的西域商人）、**商贾，凡行路之人，先于见住处司县官司具状召保，给公凭，方许他处勾当**……经过关津渡口验此放行。经司县呈押，无公引者，并不得安下。遇宿止店户亦验引，明附店历，每上下半月。违者止理。见发之家，笞二十七下。

中统五年八月初四日，钦奉圣旨条画内一款：**往来客旅、斡脱、商贾及赍擎财物之人，必须于村店设立巡防弓手去处止宿**。其间若有失盗，勒令本处巡防弓手立限根捉。如不获者，依上断罪。若客旅、斡脱、商贾人等，却于村店无巡防弓手去处止宿，如值失盗，并不在追捕之限。

——《元典章》

材料二

至元四年（公元 1267 年）冬十二月，立诸位斡脱总管所……至元九年八月丁酉，立斡

脱所……至元二十年五月己卯，立斡脱总管所。

——《元史》

问题：

（1）概述材料一中加点句子的大意（10分）

（2）简述材料所反映的忽必烈统治时期行商管理的背景和措施（20分）

30. 阅读下列材料，并结合所学知识回答问题

材料一

1946年3月5日，丘吉尔在美国富尔顿的威斯敏斯特学院发表题为《和平砥柱》的演说：

从波罗的海的斯德丁（什切青）到亚得里亚海边的里雅斯特，一幅横贯欧洲大陆的铁幕已经降落下来。在这条线的后面，坐落着中欧和东欧古国的都城。华沙、柏林、布拉格、维也纳、布达佩斯、贝尔格莱德、布加勒斯特和索菲亚——所有这些名城及其居民无一不处在苏联的势力范围之内，不仅以这种或那种形式屈服于苏联的势力影响，而且受到莫斯科日益增强的高压控制……

假使西方国家团结一致，严守联合国宪章的原则，那么，它们推行这些原则的影响力将是巨大的，没有人会来冒犯它们。不过，假使它们四分五裂，在自己执行职责时手软，假使让这紧要关头的几年白白混过去，那么，我们大家确实都要在浩劫中被毁灭了。

——摘编自《战后世界历史长编》

材料二

1946年3月13日，斯大林针对丘吉尔的富尔顿演说，在和《真理报》记者谈话中指出：

我认为这个演说是危险的行动，其目的是要在盟国中间散播纠纷的种子，使它们难于合作……

而且丘吉尔先生在这里并不是孤独的，他不仅在英国有朋友，而且在美国也有朋友……丘吉尔先生的方针是进行战争的方针，号召同苏联进行战争……

丘吉尔先生在这里是蛮横无理地诘莫斯科和上述的苏联邻邦……

如果组织新的进军来讨伐东欧……可以肯定地说，他们将像26年前一样被击败的。

——摘编自《斯大林文选（1934—1952）》

问题：

（1）分析丘吉尔演说的主要意图（9分）

（2）概括斯大林谈话的中心内容（9分）

（3）概述丘吉尔演说的历史背景，及对当时国际形势的影响（12分）

四、论述题：31—33小题，每小题40分（其中主体内容占30分，论述组织占10分），共120分（要求：史实准确，史论结合，逻辑清楚，文字流畅）

31. 论述汉晋时期门阀士族的形成

32. 论述中世纪盛期英、法两国王权发展的异同

33. 论述20世纪70年代中美关系变化的背景、过程及影响

2020年全国硕士研究生招生考试
历史学基础试题

（科目代码：313）

考生注意事项

1．答题前，考生须在试题册指定位置上填写考生姓名和考生编号；在答题卡指定位置上填写报考单位、考生姓名和考生编号，并涂写考生编号信息点。

2．选择题的答案必须涂写在答题卡相应题号的选项上，非选择题的答案必须书写在答题卡指定位置的边框区域内。超出答题区域书写的答案无效；在草稿纸、试题册上答题无效。

3．填（书）写部分必须使用黑色字迹签字笔或者钢笔书写，字迹工整、笔迹清楚；涂写部分必须使用2B铅笔填涂。

4．考试结束，将答题卡和试题册按规定交回。

一、单项选择题：1—20小题，每小题2分，共40分。下列每题给出的四个选项中，只有一个选项符合题目要求

1. 在良渚遗址的考古中，挖掘出了距今约五千年的大规模古城遗址，可以用来说明良渚文化

A. 仍处于旧石器时代　　B. 已步入氏族社会

C. 进入国家文明阶段　　D. 开启了青铜时代

2. 尚书一职，秦置于宫禁；西汉沿置，为皇帝收发文书，传达记录诏命章奏；东汉置尚书台，“出纳王命，赋政四海，权尊势重”，成为朝廷的政务中心。这一过程反映了

A. 中央集权遭到削弱　　B. 皇帝近臣演变为中枢官员

C. 三公九卿制度确立　　D. 君权与相权关系渐趋缓和

3. 两宋时期，不同地域曾出现濂、洛、关、闽等学术流派。北宋后期到南宋中期，王安石的新学成为影响最大的学派，这主要是由于

A. 新儒学的学派交融　　B. 不同学派的地域性差异

C. 程朱理学尚未成型　　D. 政治因素影响学派地位

4. 元朝海外贸易发达，马可·波罗说：“我敢言亚历山大或他港运载胡椒一船赴诸基督教国；乃至此剌桐港（泉州），则有船舶百余，所以大汗在此港征收税课，为额极巨。”上述材料反映了元朝

A. 财政收入依赖海外贸易　　B. 输入货物以胡椒为主

C. 在泉州设置市舶司征税　　D. 泉州是唯一外贸港口

5. 乾嘉时期，汉学“如日中天”；随后今文经学异军突起，形成常州学派，经龚自珍、魏源等人推崇发展为经世思潮，遂成为嘉道时期的学术主流。这表明

A. 政治变革成为朝野共识　　B. 清朝出现统治危机

C. 清政府放松了思想控制　　D. 汉学研究日趋繁荣

6. 有研究者提出，1850 年以后的 34 年中，流入中国的白银是之前 34 年的两倍。出现这一现象的原因是

A. 厘金制度的推行　　B. 协定关税的实行

C. 商品出口的增加　　D. 鸦片贸易被禁止

7. 以孙中山为首的革命派和以康有为为代表的维新派，是推动近代中国社会变革的两个重要派别。两派主张的主要分歧在于

A. 是否发展资本主义　　B. 是否维护清朝统治

C. 是否采纳民主制度　　D. 是否抵抗外来侵略

8.1920 年，梁启超在《欧游心影录》中称："大海对岸那边有几万万人，愁着物质文明破产，哀哀欲绝的喊救命，等着你来超拔他哩，我们在天的祖宗三大圣和许多前辈，眼巴巴盼望你完成他的事业，正在拿他的精神来加佑你哩！"该认识基于其

A. 顽固保守思想的延续　　B. 意图否定"全盘西化"论

C. 受到马克思主义影响　　D. 对一战后欧洲衰败的反思

9.1935 年 1 月，中共中央在遵义召开政治局扩大会议，增选毛泽东为政治局常委。3 月，成立由毛泽东、周恩来、王稼祥组成的三人军事小组，负责指挥全军的军事行动。这表明

A. 中国共产党在政治上、组织上和理论上已成熟

B. 毛泽东在中共中央和红军的领导地位得以确立

C. 中国共产党内存在的分裂危机完全消除

D. 中国共产党内"左"倾错误思想被清除

10.1984 年，《中共中央关于经济体制改革的决定》中强调，商品经济的充分发展是社会经济发展不可逾越的阶段，市场调节的辅助性作用不可缺少，并指出要有步骤地逐步缩小指令性计划的范围。这表明当时我国

A. 突破了把计划经济同商品经济对立起来的传统观念

B. 明确了建立社会主义市场经济体制的改革目标

C. 摆脱了计划经济体制对市场经济发展的束缚

D. 确立了市场在资源配置中的基础性作用

11. 法国学者商博良从古代铭文中的托勒密国王名字入手，通过与希腊语等其他资料对比，成功破译了埃及象形文字。该铭文出自

A. 罗塞塔石碑　　B. 纳尔迈调色板

C. 蝎王权标头　　D. 帕勒摩石碑

12. 公元 419 年，拜占庭皇帝颁布法令：任何试图教授蛮族"航海知识"的人都将被处以死刑。该法令旨在

A. 增强西罗马帝国的海军力量　　B. 阻挡外族染指地中海

C. 抑制阿拉伯人在海上的扩张　　D. 垄断海上的殖民贸易

13.1217 年，英格兰的《森林宪章》允许平民百姓在王室森林中放牧牲畜、挖掘水渠并从事其他农业活动。颁布该宪章的主要目的在于

A. 加强森林管理利用　　B. 改善平民生活条件

C. 限制王室林地特权　　D. 增强赋税征收能力

14. 教堂建筑是中世纪西欧建筑艺术的主要表现形式之一。以肋拱、尖拱、小尖塔、飞扶壁等为主要特征的教堂建筑风格属于

A. 巴洛克式　　B. 洛可可式

C. 罗马式　　D. 哥特式

15.17 世纪中期，面对西欧国家经济、文化渗透和国内统治危机，日本实行锁国体制，其本质是

A. 提升天皇地位　　B. 促进睦邻友好

C. 巩固幕府统治　　D. 推动社会转型

16. 英国思想家詹姆斯·哈林顿所著《大洋共和国》成书于 1656 年，书中对托马斯·杰弗逊等美国总统产生重要影响的主张是

A. 提倡政治权力与经济权力相平衡　　B. 批判英国国教的主教制

C. 强调言论自由是共和制度的条件　　D. 倡导培根的实证研究法

17. 在西欧列强海外殖民扩张进程中，各国之间相互争夺海上霸权。18 世纪末，英国在争霸中取得胜利的根本原因在于

A. 工业快速发展　　B. 各国封建制度相继瓦解

C. 外交策略得当　　D. 欧洲大陆国家海军落后

18.1922 年 2 月，美、英、法、意、日五国通过了《五国海军条约》，规定了各国海军主力舰和航空母舰的限额，以及在东亚设置海军基地的要求等内容。该条约的缔结表明

A. 各国在东亚的竞争逐步减弱　　B. 法国海上优势得以维持

C. 日本海军扩张计划得以实现　　D. 美国在外交上取得胜利

19. 历史学家杰里·本特利说："当 1945 年同盟国击败轴心国，摧毁德意志帝国和日本帝国时，随着另一场战争的开始，世界不得不重建。"下列最符合"世界不得不重建"的是

A. 雅尔塔体制、布雷顿森林体系　　B. 欧盟、世界贸易组织

C. 不结盟运动、亚太经合组织　　D. 北约、北美自由贸易区

20.1973 年，美元再次贬值，西欧、日本等宣布不再承担维持美元汇率的义务，以美元为中心的资本主义世界货币体系崩溃，它所反映的实质问题是

A. 美国经济霸权地位丧失　　B. 资本主义世界爆发金融危机

C. 三足鼎立政治格局形成　　D. 日本、欧共体经济飞速发展

二、名词解释：21—28 小题，每小题 10 分，共 80 分

21. 侯景之乱　　22. 保路运动

23. 章太炎　　24. 采邑制度

25. 都铎王朝　　26. 多洛雷斯呼声

27. 莫内计划　　28. 计量史学

三、史料分析题：29—30 小题，每小题 30 分，共 60 分

29. 阅读下列材料，并结合所学知识回答问题

材料一：

国史人恣而善蔽真，然其叙典章、述文献，不可废也；野史人臆而善失真，然其征是非、

削讳忌，不可废也；家史人腴而善溢真，然其赞宗阀，表官绩，不可废也。国以草创之，野以谈论之，家以润色之，庶几乎史之悦哉。

——王世贞《弇州山人四部稿》

材料二：

司马光《通鉴》，世称绝作，不知其先为长编，后为考异。高似孙《纬略》，载其《与宋敏求书》，称“到洛八年，始了晋宋齐梁陈隋六代。唐文字尤多，依年月编次为草卷，以四丈为一卷，计不减六七百卷”。又称“光作《通鉴》，一事用三四出处纂成，用杂史诸书，凡二百二十二家”。李焘《巽岩集》，亦称“张新甫见洛阳有《资治通鉴》草稿盈两屋”。今观其书，如渰方成“祸水”之语，则采及《飞燕外传》；张彖“冰山”之语，则采及《开元天宝遗事》，并小说亦不遗之。然则古来著录，于正史之外兼收博采，列目分编，其必有故也。

——《四库全书总目》

问题：

（1）解释材料一中加点句子的大意（14分）

（2）概括材料所体现的史学研究方法及其依据（16分）

30. 阅读下列材料，并结合所学知识回答问题

材料：

1942年5月，毛泽东指出，对于革命的文艺家，暴露的对象，只能是侵略者、剥削者、压迫者及其在人民中所遗留的恶劣影响，而不能是人民大众。人民大众也是有缺点的，这些缺点应当用人民内部的批评和自我批评来克服。1955年5月，毛泽东在《驳“舆论一律”》中，明确地提出要分清楚“人民的内部和外部两个不同的范畴”。他在《论十大关系》的报告中提出的“十大关系”，也是“十大矛盾”，其中讲到“革命和反革命的关系”与“是非关系”，是直接论述敌我矛盾和人民内部矛盾的。在党的八届二中全会上，毛泽东和其他中央领导及时地总结了波兰、匈牙利事件的经验教训，认为大民主是对付阶级敌人的，不适用于人民内部。1957年2月，毛泽东在《如何处理人民内部的矛盾》的讲话中，对社会主义社会两类不同性质的矛盾学说，特别是关于正确处理人民内部矛盾学说进行了全面系统的论述，后经整理、修改、补充，该讲话以《关于正确处理人民内部矛盾的问题》为题公开发表。

——据《建国以来重要文献选编》等

问题：

（1）概括《关于正确处理人民内部矛盾的问题》一文形成的背景（15分）

（2）简析《关于正确处理人民内部矛盾的问题》的历史意义（15分）

四、论述题：31—33小题，每小题40分（其中主体内容占30分，论述组织占10分），共120分（要求：史实准确，史论结合，逻辑清楚，文字流畅）

31. 论述唐代三省制的主要内容和历史意义

32. 论述公元前6世纪至公元1世纪佛教的形成与传播

33. 论述第三次科技革命产生的原因、表现和影响

2021年全国硕士研究生招生考试
历史学基础试题

（科目代码：313）

考生注意事项

1. 答题前，考生须在试题册指定位置上填写考生姓名和考生编号；在答题卡指定位置上填写报考单位、考生姓名和考生编号，并涂写考生编号信息点。

2. 选择题的答案必须涂写在答题卡相应题号的选项上，非选择题的答案必须书写在答题卡指定位置的边框区域内。超出答题区域书写的答案无效；在草稿纸、试题册上答题无效。

3. 填（书）写部分必须使用黑色字迹签字笔或者钢笔书写，字迹工整、笔迹清楚；涂写部分必须使用2B铅笔填涂。

4. 考试结束，将答题卡和试题册按规定交回。

一、单项选择题：1—20小题，每小题2分，共80分。下列每题给出的四个选项中，只有一个选项符合题目要求

1. 司马迁《史记·五帝本纪》以《诗》《书》等文献为依据，将尧、舜作为真实的君主加以记载，为历代所认同；近代以来，历史学者通常将尧、舜归入“传说时代”。中国早期历史的世代从“尧舜禹汤”变为夏商周，这主要是由于

A. 历史真相随研究深入而显现

B. 对早期国家形态认识的差异

C. 考古未曾发现夏朝以前的文化遗存

D. 司马迁所依据的文献资料已经失传

2. 汉武帝时期为打击地方势力而采取的重要措施是

A. 置盐官铁　　B. 铸五铢钱

C. 徙豪茂陵　　D. 什伍连坐

3. 下列中国古代史学典籍中，采用纪传体撰写的通史性著作是

A.《史通》　　B.《通志》

C.《通典》　　D.《文献通考》

4. 有意大利学者认为，《马可·波罗行纪》对中国、日本等国的描述，很可能源自当时真正游历过这些地方的商人的讲述，马可·波罗将这些故事综合到一起，编写出当时世界上颇为畅销的书籍。这一研究结论表明《马可·波罗行纪》

A. 作者未曾到过东方　　B. 描述的内容真实可信

C. 属于纪实文学作品　　D. 反映出东西方的交往

5. 明末出现了一些“异端”思想家，如泰州学派的王艮及其流裔李贽等，他们张扬个性，倡导百姓日用之学。这反映出当时

A. 土地制度的变革　　B. 商品经济的活跃

C. 重农抑商的废弛　　D. 中外交流的深入

6.《天朝田亩制度》将土地分为九等，好田、次田互相搭配，按每家人口多少进行分配；凡16岁以上男女，每人皆可分得一份数量相同的土地，15岁以下者减半。《天朝田亩制度》

A. 实现了男女地位的平等　　B. 实行土地私有

C. 突破了小农经济的束缚　　D. 追求绝对平均

7.20世纪20年代初，全国大小罢工达100多次，参加罢工的人数达30多万，形成了中国工人运动的第一次高潮。这次高潮的出现主要由于

A. 中国共产党的领导和推动　　B. 第一次国共合作的正式建立

C. 北伐战争的胜利进军　　D. 国民党"扶助农工"政策的制定

8.1926年5月，国民党二届二中全会提出，共产党应将加入国民党的党员名册交由国民党中央执行委员会主席保存；加入国民党的共产党党员在国民党的高级党部任执行委员人数，不得超过三分之一。这表明

A. 国民党左派力量的增强　　B. 国民革命运动失败

C. 革命统一战线分化加剧　　D. 开启土地改革运动序幕

9.1952年某农业生产合作社试行短期包工制，1953年实行季节包工制，1954年根据前两年包工取得的经验，进一步实行常年包工包产制。这些举措意在

A. 改变束缚农业生产力的旧体制　　B. 扩大农民的生产自主权

C. 促进农业高级合作社迅猛发展　　D. 开启土地改革运动序幕

10.1988年9月，中共十三届三中全会决定，把1989年、1990年改革和建设的重点放到治理经济环境和整顿经济秩序上来。这一政策的目标包括

A. 增加固定资产投资规模　　B. 加快社会经济发展速度

C. 有效遏制物价上涨势头　　D. 确立市场配置的基础性作用

11. 埃及新王国时期，法老埃赫那吞在颂神诗中写道："神啊，您无所不能，谁也不能与您的力量相比，您才是唯一的真神。"这段话反映的历史背景是

A. 埃赫那吞强化了阿蒙神权　　B. 埃及奉行宗教宽容政策

C. 法老完全控制了阿蒙神权　　D. 埃及政教斗争异常激烈

12. 帕提亚（安息）王朝早期，希腊语是官方语言之一，社会上层以精通希腊文化为荣，宫廷中经常上演希腊戏剧。这一现象出现的历史条件是

A. 亚历山大东征　　B. 罗马对东地中海的征服

C. 丝绸之路开通　　D. 伯罗奔尼撒同盟的成立

13.743年，日本统治者为防止土地复荒，宣布"自今以后，任为私财，无论三世一身，咸悉永年莫取"。此后，世人竞相垦田，"势力之家驱使百姓，贫穷百姓无假自存"。据此可知，当时日本

A. 律令制国家开始形成　　B. 土地私有合法化

C. 寄进地系庄园普遍发展　　D. 班田收授制确立

14. 中世纪的欧洲有一则名言："让我们努力经商吧；在桅杆上挂一面旗不费什么气力，再想降下来不免要付出巨大代价，连同我们的荣誉。"秉持这一理念的团体是

A. 克吕尼派　　B. 条顿骑士团

C. 塔波尔派　　D. 汉萨同盟

15.15 世纪前期，法国银行家雅克·科厄尔在王廷当差，享受贵族待遇，他的兄弟和儿子也身居高位，女儿则嫁给贵族子弟。这一现象表明当时法国

A. 王权的社会基础发生了变化　　B. 封臣与封土制度彻底瓦解

C. 市民阶层享有平等参政权利　　D. 国王拥有至高无上的权威

16. 近代早期，由于大量白银涌入欧洲，引起通货膨胀及物价上涨，史称“价格革命”。“价格革命”出现的历史背景是

A. 圈地运动　　B. 新航路的开辟

C. 三角贸易　　D. 英国工业革命

17.16 世纪 20 年代，德国法兰克尼亚地区起义军制定了斗争纲领，要求在德国建立一个强有力的中央政府；统一度量衡和币制；取消商税、过境税、食品税以及其他苛捐杂税；允许农民赎买封建义务等。这些主张

A. 带有资产阶级革命的性质　　B. 反映出诸侯统一国家的要求

C. 表明城市贵族统治的加强　　D. 体现马丁·路德的斗争策略

18.1830—1848 年，委内瑞拉出口的咖啡从 6 万袋增加到 20 万袋，可可从 3.8 万袋增加到 6.7 万袋，牛从 1500 头增加到 1.6 万头，皮革从 4.5 万张增加到 36.6 万张。同期，工业产品大量进口。这说明委内瑞拉

A. 经济发展走向独立　　B. 工业化进程被迫中断

C. 日益卷入世界市场　　D. 进出口贸易态势良好

19.1914 年，印度某精英人士写道：“只存在一种共识，那就是在目前英国的危急存亡之秋，印度要与英国同舟共济。一个巨大的机会已经来临，即印度要借此机会要求在帝国内的平等地位并证明它值得拥有这一平等地位。”该精英人士意在说明

A. 参战为印度自治带来了机遇　　B. 印度民族民主革命运动高涨

C. 印度人已获得更多参政机会　　D. 国大党要忠实服务于宗主国

20.20 世纪 50—80 年代，拉丁美洲的墨西哥、巴西、阿根廷等主要国家纷纷加快现代化进程，民族经济迅速发展。这些国家采取的主要措施是

A. 优先发展“进口替代”工业　　B. 引进外资和进口海外消费品

C. 实行低关税的贸易自由政策　　D. 放松国家对经济发展的干预

二、史料分析题：21—22 小题，每小题 30 分，共 60 分

21. 阅读下列材料，并结合所学知识回答问题

材料一：

（元丰五年六月壬申，宋神宗论本朝兵制曰）前世为乱者，皆无赖不逞之人。艺祖（太祖）平定天下，悉招聚四方无赖不逞之人以为兵。连营以居之，什伍相制，节以军法，厚禄其长，使自爱重，付以生杀，寓威于阶级之间，使不得动。无赖不逞之人既聚而为兵，有以制之，无敢为非，因取其力以卫养良民，各安田里，所以太平之业定，而无叛民，自古未有及者。

——李焘《续资治通鉴长编》

材料二：

（熙宁二年闰十一月十九日，朝廷讨论实施"义勇上番"的意见）旸叔（参知政事陈升之）曰："今募兵未消，又养上番义勇，则调度尤不易。"余因为上言募兵之害，终不可经久，佥以为如此。余曰："今养兵虽多，及用则患少，以民与兵为两故也。又五代祸乱之虞，终未能去，以此等皆本无赖奸猾之人故也。"

——王安石《熙宁奏对日录》

问题：

（1）说明宋初实行募兵制的背景及实施办法（18分）

（2）概述王安石对募兵制的意见及应对策略（12分）

22. 阅读下列材料，并结合所学知识回答问题

材料一：

拿破仑进入勃兰登堡门（油画）

材料二：

1. 本停战协定签字后六小时停止陆上和空中战斗行动。
2. 立即撤出被侵占各国：比利时、法国、卢森堡以及阿尔萨斯—洛林，应下令自本停战协定签字起十五天内撤完。
15. 废除布加勒斯特条约和布列斯特—立托夫斯克条约以及各补充条约。
34. 停战协定的期限为三十六日，得延长之。

康边森林停战协定（节选）

材料三：

1919年战胜国在巴黎召开了解决战后问题及与战胜国缔结和约的会议。法、英、美国的领导人支配了这次会议。协约国不允许轴心国代表参加。

最苛刻的条款是法国提出的，法国希望消灭或永久地削弱德国的实力。

［美］杰里·本特利等《新全球史》（节选）

材料四：

欧洲煤钢共同体签约现场（油画）

问题：

（1）分别说明上述材料对研究法德关系史的价值（14分）

（2）概述19世纪初至20世纪中期的法德关系（16分）

三、论述题：23—26小题，每小题40分（其中主体内容占30分，论述组织占10分），共160分（要求：史实准确，史论结合，逻辑清楚，文字流畅）

23. 论述九品中正制在门阀士族形成中的作用

24. 论述公元前5世纪至公元前1世纪西方古典史学的主要成就与特点

25. 从工业区域布局的角度评述20世纪六七十年代的三线建设

26. 论述19世纪中期英国自由贸易政策的形成条件和影响

2022年全国硕士研究生招生考试
历史学基础试题

（科目代码：313）

考生注意事项

1. 答题前，考生须在试题册指定位置上填写考生姓名和考生编号；在答题卡指定位置上填写报考单位、考生姓名和考生编号，并涂写考生编号信息点。

2. 选择题的答案必须涂写在答题卡相应题号的选项上，非选择题的答案必须书写在答题卡指定位置的边框区域内。超出答题区域书写的答案无效；在草稿纸、试题册上答题无效。

3. 填（书）写部分必须使用黑色字迹签字笔或者钢笔书写，字迹工整、笔迹清楚；涂写部分必须使用 2B 铅笔填涂。

4. 考试结束，将答题卡和试题册按规定交回。

一、单项选择题：1—20 小题，每小题 4 分，共 80 分。下列每题给出的四个选项中，只有一个选项最符合题目要求

1. 在某新石器时代的考古遗址，发现了大量掺有稻谷壳和稻草的红烧土，以及防御洪水的城垣。该遗址最有可能属于

A. 红山文化　　B. 屈家岭文化

C. 齐家文化　　D. 马家窑文化

2. 据《史记·商君列传》载，商鞅变法“为田开阡陌封疆，而赋税平”，其目的是

A. 保障自耕小农的经济利益　　B. 废除以家庭为主体的生产方式

C. 确立土地私有以激励生产　　D. 取消各级封君对于土地的占有

3. 东晋南朝时期，江南社会经济迅速发展，促进了南方文化的繁荣。这一时期从南方兴起的文化现象是

A. 佛教石窟造像　　B. 玄学思潮

C. 山水田园诗歌　　D. 书法艺术

4. 唐代永贞革新后，“天下事皆决于北司，宰相行文书而已”。掌管“北司”的是

A. 大理寺卿　　B. 宦官

C. 节度使　　D. 中书舍人

5. 在清代的边疆管理制度中，郡县制、八旗制、盟旗制、伯克制、土司制等并存。这表明清政府

A. 实现了对边疆地区的直接控制　　B. 推广汉地管理制度至边疆

C. 调整边疆与内地的经济布局　　D. 实行因地制宜的边疆政策

6. 太平天国运动爆发之后，一种明显区别于八旗、绿营的武装在各地迅速崛起（如湘军、淮军），成为清末的主要军事力量。这种新的武装力量在早期的显著特点是

A. 直接听命于私人　　　　　B. 采用近代西方军制

C. 军饷依赖于中央　　　　　D. 掌控地方行政权力

7.1900 年 10 月签订的《英德扬子协定》规定："将中国之江河及沿海各口岸各国贸易及其他各种正当经济活动，自由开放，毫无差别。"英德两国政府将协定精神知会各国。该协定

A. 使列强之间的争斗加剧　　　　　B. 消弭了中国朝野的反抗

C. 与美国的对华政策趋同　　　　　D. 奠定英德在华主导地位

8. 中国共产党第二次全国代表大会发表宣言："加给中国人民（无论是资产阶级、工人或农民）最大的痛苦的是资本帝国主义和军阀官僚的封建势力，因此，反对那两种势力的民主主义的革命运动是极有意义的。"由此可知，当时中国共产党

A. 强调了武装斗争夺取政权的必要性

B. 根据国情确立革命统一战线策略

C. 充分认识到建立社会主义的紧迫性

D. 审时度势制定土地革命战略方针

9.1940 年毛泽东在《新民主主义论》中指出："所谓民主主义，现在已不是旧范畴的民主主义，已不是旧民主主义，而是新范畴的民主主义，而是新民主主义。"毛泽东划分民主革命两个阶段的主要依据是

A. 无产阶级掌握革命领导权　　　　　B. 中国革命开始融入世界革命

C. 国内主要矛盾已发生转变　　　　　D. 国民革命基本任务已经完成

10.1962 年，中共中央调整计划规定的指标，工业总产值由原定计划草案的 950 亿元调整为 880 亿元，钢产量由 755 万吨调整为 600 万吨，并按照经济合理、保留骨干等原则，对企业实行关、停、并、转。这些措施的主要目标是

A. 改革计划经济管理体制　　　　　B. 加强市场管理和抑制通货膨胀

C. 改善城乡关系和工农关系　　　　　D. 使国民经济发展比例趋于平衡

11. 古代印度文献《梨俱吠陀》中有这样的诗句："我是一个诗人，父亲操业医术，母亲用石磨谷，所事各有不同，同为求富与福，恰似觅草群牛，不限一地食物。"此诗可以用于反映当时印度

A. 种姓与社会分工相一致　　　　　B. 不同种姓享有不同权利

C. 家庭出身决定个人地位　　　　　D. 职业世袭制度尚未形成

12. 古埃及第二十四王朝法老波克霍利斯进行改革，宣布废除债务奴隶制：债权人只能索取债务人的财产作为抵偿，而不能占有债务人的人身，因为财产属于个人，而公民人身属于国家，国家需要他们服役。这项改革旨在

A. 抑制土地兼并　　　　　B. 发展商品贸易

C. 保证国家兵源　　　　　D. 推行民主政治

13.《萨利克法典》附款及其他法律，提及法兰克人的一项犯罪审讯习惯，即任何必须以汤釜神判法判定其是否有罪的犯罪嫌疑人，要用右手从沸水中取出指定物品。这表明当时法兰克王国

A. 封建领主制已确立　　　　　B. 政教之争异常激烈

C. 罗马法已全面复兴　　D. 宗教影响法律公正

14. 美洲印第安人在长期劳作中培育了独有的粮食、瓜果、蔬菜等多种作物，其中许多作物传播到世界其他地区，包括

A. 玉米、烟草、番茄　　B. 甘薯、葡萄、棉花

C. 菠萝、胡椒、小麦　　D. 辣椒、水稻、橄榄

15. 达·芬奇、米开朗琪罗和拉斐尔被后人称为文艺复兴“艺术三杰”，与启蒙思想家相比，他们

A. 热衷于表现浪漫主义风格　　B. 侧重于以宗教题材表达人文思想

C. 注重描绘理想的社会制度　　D. 更多表达对财富和世俗美的追求

16. 重商主义早期追求“少买”，以防止贵金属流出；晚期追求“多卖”，以实现贸易上的顺差。从“少买”到“多卖”的变化

A. 体现了资本积累的不同方式　　B. 推动了工业革命的深入发展

C. 限制了自由资本主义的扩张　　D. 阻止了贵金属在全球的流通

17.1642 年英国内战爆发后，议会的民兵武装力量远远超过王党军队，海军也支持议会，许多重要港口都处于议会控制之下，但议会军在战场上却节节失利。这主要是由于议会军

A. 控制地区经济较为落后　　B. 士兵来自不同群体

C. 领导阶层态度妥协动摇　　D. 军费保障难以为继

18.1890—1906 年，美国南部州纷纷制定法律或修改州宪法，对公民的选举资格进行限定，部分州采用“祖父条款”，规定内战前有投票资格的人，其后代不受新投票规则的限制，但该条款后来被联邦最高法院否定。这表明当时美国

A. 最高法院决定黑人政治地位　　B. 各州无权制定或修改地方法律

C. 南部黑人无法享有公民资格　　D. 南部州意在剥夺黑人政治权利

19.1947 年英国通过《蒙巴顿方案》，随后印度和巴基斯坦独立，形成印巴分治局面，为之后两国在克什米尔地区的冲突埋下隐患。《蒙巴顿方案》中印巴分治的依据是

A. 经济发展水平　　B. 居民宗教信仰

C. 自然地理界线　　D. 政治制度形态

20.1980—1987 年，撒哈拉以南非洲人均国民生产总值的增长率为 −2.9%，大部分国家的经济急剧下滑，非洲的 80 年代因此被称为“失去发展的十年”。出现这一现象的关键原因在于这些国家

A. 经济的依赖性　　B. 地理环境恶劣

C. 人口增长过快　　D. 文化观念落后

二、史料分析题：21—22 小题，每小题 30 分，共 60 分

21. 阅读下列材料，并结合所学知识回答问题

材料

从初平之元，至建安之末，天下分崩，人怀苟且，纲纪既衰，儒道尤甚。至黄初元年之后，新主乃复，始扫除太学之灰炭，补旧石碑之缺坏，备博士之员录，依汉甲乙以考课。申告州郡，有欲学者，皆遣诣太学。太学始开，有弟子数百人。至太和、青龙中，中外多事，人怀避就。

虽性非解学，多求诣太学。太学诸生有千数，而诸博士率皆麄疏，无以教弟子。弟子本亦避役，竟无能习学，冬来春去，岁岁如是。又虽有精者，而台阁举格太高，加不念统其大义，而问字指墨法点注之间，百人同试，度者未十。是以志学之士，遂复陵迟，而末求浮虚者各竞逐也。

——陈寿《三国志》裴松之注

问题：

（1）说明加点文句反映的制度内容（8分）

（2）分析东汉末至曹魏时期太学衰落的原因（14分）

（3）概括魏晋时期影响儒学发展的因素（8分）

22. 阅读下列材料，并结合所学知识回答问题

材料一

1918—1928年，印度的股份公司由2731家发展到5831家，实收资本由1060.9百万卢比发展到2766百万卢比。印度塔塔公司在国内钢铁市场上的比重1927年为30%，1934年增长为72%。到二战时，印度的钢产量名列世界第六，铁路里程达6万多公里。糖业和水泥业也得到较快发展。

——摘编自马克垚主编《世界文明史》等

材料二

20世纪二三十年代经济危机期间，印度农产品价格下降了一半以上，农民收入减少一半，债务增加了2—3倍。作为主要出口的农产品黄麻种植面积缩减了30%—40%，城乡失业者和半失业者达4000万人。1933年1月底，印度人经营的353家工矿企业中有243家倒闭。1931—1934年，英国从印度运走了价值20亿4450万卢比的黄金。

——摘编自吴于廑等主编《世界史》

问题：

（1）概括20世纪二三十年代印度经济发展状况（10分）

（2）简述第一次世界大战至第二次世界大战前国际局势对印度的影响（20分）

三、论述题：23—26小题，每小题40分（其中主体内容占30分，论述组织占10分），共160分（要求：史实准确，史论结合，逻辑清晰，文字流畅）

23. 论述唐玄宗时期军事制度的变化及其影响

24. 分别概述雅典和罗马通过对外扩张成为帝国的过程，分析雅典帝国短暂而罗马帝国长久的原因

25. 论述1935—1937年中国共产党方针政策的转变，并阐释其对党的发展的历史意义

26. 论述全球范围内南北差距和贫富分化出现的原因及历史影响

2023年全国硕士研究生招生考试
历史学基础试题

（科目代码：313）

考生注意事项

1.答题前，考生须在试题册指定位置上填写考生姓名和考生编号；在答题卡指定位置上填写报考单位、考生姓名和考生编号，并涂写考生编号信息点。

2.选择题的答案必须涂写在答题卡相应题号的选项上，非选择题的答案必须书写在答题卡指定位置的边框区域内。超出答题区域书写的答案无效；在草稿纸、试题册上答题无效。

3.填（书）写部分必须使用黑色字迹签字笔或者钢笔书写，字迹工整、笔迹清楚；涂写部分必须使用2B铅笔填涂。

4.考试结束，将答题卡和试题册按规定交回。

一、单项选择题：1—20小题，每小题4分，共80分。下列每题给出的四个选项中，只有一个选项符合题目要求

1.结合考古发现和传世文献，西周与商代相比，既有巨大变化，也有共通之处。下列属于共通之处的是

A.金属工具的广泛使用　　B.国家治理模式

C.血缘氏族影响巨大　　D.王位传承方式

2.东汉史学论著中，常常提到“世家大族”“豪强”，这二者其实有一定的差别，分别代表了两个特定阶层，那么二者最显著的差别表现在

A.宗族势力强弱　　B.土地占有数量

C.文化价值取向　　D.政治地位差异

3.北魏末年，统治阶层奢侈腐败，社会矛盾尖锐。528年，北魏权臣尔朱荣发动河阴之变，诛杀朝廷王公大臣，那么尔朱荣发动政变所依靠的力量是

A.部落势力　　B.六镇戍兵

C.羽林禁军　　D.豪强武装

4.下列中国古代典籍中，依照《通典》体例与主体内容编纂而成的是

A.《史通》　　B.《资治通鉴》

C.《通志》　　D.《文献通考》

5.辽朝实行捺钵制度，其中“春捺钵”又称“春水”，秋捺钵又称“秋山”，大部分达官权贵及属部首领皆来参加，并进行渔捕、狩猎等活动。春秋捺钵的目的是

A.接受各部落首领前来朝贡　　B.各部落首领交流渔猎技艺

C.协调朝廷与各属部的关系　　D.处理辽代对外交往事务

6.1859年，英国对法国进口货物征收大约15%的关税，比当时中国对同类货物征收的进口税

率高 2—3 倍。这表明

A. 清朝开始丧失了关税自主权

B. 清朝降低关税以便增加进口

C. 列强利用协定关税压低中国进口关税率

D. 列强对华经济侵略形式发生了根本变化

7.1904 年，清朝颁布《各学堂奖励章程》，根据毕业考试结果颁给出身奖励，如高等学堂毕业生授予举人功名，中学堂和高等小学堂毕业生授予生员功名，官府根据不同情形分别予以选录，此举

A. 减轻教育改革阻力　　B. 使新式学堂名存实亡

C. 消除立宪党人的反对　　D. 维持了旧有考试制度

8.1941 年 5 月，毛泽东在延安干部工作会议上尖锐批评主观主义作风，号召全党树立理论联系实际的马克思主义作风，为整风运动做了准备。这一报告是

A.《反对党八股》　　B.《改造我们的学习》

C.《整顿党的作风》　　D.《反对本本主义》

9.1954 年，我国某企业利润分配表显示，国家税收占 34.5%，职工福利占 15%，公积金占 30%，资本家红利占 20.5%，该企业性质是

A. 国家资本主义　　B. 民族资本主义

C. 社会主义公有制　　D. 初级合作社

10.1984 年，邓小平南行指出："我们建立经济特区，实行开放政策，有个指导思想要明确，就是不是收，而是放。"当时国内的主要背景是

A. 社会经济发展速度放慢　　B. 产生姓社还是姓资的争论

C. 国际形势引发的国内动荡　　D. 社会主义初级阶段理论的创立

11. 印度列国时代，阶级矛盾突出，涌现出许多新思潮，这些思潮的共同特点是

A. 批判专制王权　　B. 反对婆罗门教

C. 抨击宿命思想　　D. 否定生死轮回

12. 埃及中部阿玛纳出土楔形文字诏书，法老与中巴比伦王国之间的通信提到了中巴比伦所面临的威胁。该威胁主要指

A. 希克索斯人入侵　　B. 神庙祭司阶层崛起

C. 中亚述王国兴起　　D. 腓尼基人殖民扩张

13.1164 年，英格兰颁布《克拉伦登宪章》，规定：未经国王允许，高级神职人员不得离开王国，教会领地领主空缺，国王有权占有收益。这些规定反映了

A. 国王司法权力扩大　　B. 等级代表会议建立

C. 国王与罗马教廷分裂　　D.《大宪章》原则

14. 中古阿拉伯文明促进了东西方之间的交流，下列哪个选项能印证这一史实？

A. 印度数字传播　　B. 训民正音创制

C. 犍陀罗艺术诞生　　D. 那烂陀寺建造

15.15 世纪前，东方香料、丝绸、瓷器等经过长途贩运到达欧洲，价格高昂。此贸易兴盛时，

欧洲与东方往来最密切的区域是

A. 北海、波罗的海　　B. 地中海

C. 香槟集市　　D. 大西洋贸易区

16.1588 年，丰臣秀吉发布“刀狩令”，以建造大佛需要大量铁器为由，收缴民间一切武器。其目的是

A. 垄断国内武器制造　　B. 践行佛教和平主张

C. 扶植国内农业生产　　D. 推行兵农分离政策

17.1898 年，时任英国首相说：“大国之间的斗争已经不再像 1860 年那样——只限于欧洲问题，而是牵涉到遍布全球的市场和领土问题。”其主要表现为

A. 自由竞争、商品输出　　B. 资本输出、加强垄断

C. 推销机器、掠夺资源　　D. 技术封锁、关税壁垒

18. 截至 1944 年，美国有 100 万黑人进入制造业市场，其中 30 万为妇女，一些黑人还参加了反法西斯战争。这意味着

A. 种族就业隔离正式废除　　B. 黑人走上了武装抗暴的道路

C. 黑人民权运动逐渐高涨　　D. 美国女性获得了选举权

19.1959 年，艾森豪威尔邀请赫鲁晓夫访问美国。在双方会谈中，美国拒绝了苏联提出的裁军议题，苏联拒绝了美国提出的核武器议题，但双方就柏林问题举行四国首脑会议达成共识。这表明

A. 多极化趋势冲击两极格局　　B. 冷战进入苏攻美守阶段

C. 美苏意图终结冷战　　D. 美苏在对抗中寻求平衡

20. 二战后，列维－施特劳斯对存在主义哲学提出了批判。他所代表的哲学思潮被称为

A. 结构主义　　B. 理性主义

C. 科学哲学　　D. 现代解释学

二、史料分析题：21—22 小题，每小题 30 分，共 60 分

21. 阅读下列材料，并结合所学知识回答问题

材料一

国初里甲之编，均其户口，可举纲以知目。首长之役，择其望族，如以臂而运指，意甚善也。然丁产之息耗渐殊，而更繇（徭）之输充弗改，则轻重之间，规避自生矣。试按今之图籍，有一甲之众，足敌一社者，尚可分里以役之乎？今之里胥，有单贫已极者，尚可按籍以定之乎？窃考国典，其里不敷十甲之数，取邻图拨补之；甲不敷一百十户之数，验丁产归并之，排年里长设有消乏，许于一百户内选丁粮近上者充补焉，抑何其融通乎！

——顾炎武《天下郡国利病书》

材料二

呜呼，人户以籍为定，国家之典，十年大造，稽其户之盛衰而升降之赋役，斯平也。今版籍之弊可为长太息矣，富者丁联千百，而籍之所入乃直数；贫者匹夫匹妇，而籍之所载不免二三。里长永为里长，有乏无以苏其穷；甲首永为甲首，富豪得以避其重；户惟合而不分，且有冒相合者。户丁倍于国初，芃庶埒于上郡，而荒落犹夫旧额也，自有郡至今百余年矣，

而制度犹若是其革创焉，何哉？

——（嘉靖）《思南府志》

问题：

（1）解释材料一中加点句子的大意（10 分）

（2）概括里甲制度在运行过程中产生的弊端，并说明明朝政府的解决办法（20 分）

22. 阅读下列材料，并结合所学知识回答问题

材料

1200—1800 年，棉纺织品的制造和消费在世界各地稳步扩大：从中国、日本再到欧洲、北美，棉纺织品逐渐取代了苎麻、亚麻、羊毛等与之相竞争的纺织品。1687 年，英国东印度公司报道说："各种印花布已成为最高贵女士们的商品，她们将它穿在睡衣和宽松的大衣外面，与天鹅绒和金线锦挂在一起。"在 17 世纪末 18 世纪初，东印度公司进口棉织品的数量激增，平均比例占进口总额的 70%—80%，远高于繁盛一时的胡椒与香料。

1696 年，英国下议院提出了一个禁止生产印花织物和进口自印度的印花织物的法案，但由于上议院的否决而没有通过。1721 年，英国议会通过法案禁止使用和穿戴印染的平纹织布。但是，如果一个人不能拥有印度原装进口的印花棉布，他就会通过其他渠道获得相对适度的仿制品。18 世纪 30 年代，曼彻斯特、兰开夏等地制造的粗斜纹布终于获得了合法地位。随后的一个多世纪里，英国棉纺织业得到持续飞速发展。

——摘编自乔治·里耶罗等《纺织世界：1200—1850 年的全球棉纺织品史》等

问题：

（1）概括工业革命前英国棉纺织业兴起的原因（10 分）

（2）分别说明英国棉纺织业崛起对英国和世界经济发展的影响（20 分）

三、论述题：23—26 小题，每小题 40 分（其中主体内容占 30 分，论述组织占 10 分），共 160 分（要求：史实准确，史论结合，逻辑清楚，文字流畅）

23. 概述春秋时期诸侯争霸的主要阶段，并分析争霸战争的影响

24. 论述中世纪德国未能形成统一国家的原因

25. 论述 20 世纪 50 年代中国优先发展重工业战略形成的历史背景及意义

26. 论述第二次世界大战后非洲独立国家经济发展道路的异同

2024年全国硕士研究生招生考试
历史学基础试题

（科目代码：313）

考生注意事项

1. 答题前，考生须在试题册指定位置上填写考生姓名和考生编号；在答题卡指定位置上填写报考单位、考生姓名和考生编号，并涂写考生编号信息点。

2. 选择题的答案必须涂写在答题卡相应题号的选项上，非选择题的答案必须书写在答题卡指定位置的边框区域内。超出答题区域书写的答案无效；在草稿纸、试题册上答题无效。

3. 填（书）写部分必须使用黑色字迹签字笔或者钢笔书写，字迹工整、笔迹清楚；涂写部分必须使用 2B 铅笔填涂。

4. 考试结束，将答题卡和试题册按规定交回。

一、单项选择题：1—20 小题，每小题 4 分，共 80 分。下列每题给出的四个选项中，只有一个选项符合题目要求

1. 关于中华文明的起源、形成、发展的历史脉络，以及中华文明多元一体格局的形成和发展过程等问题，学界已有较为清晰的认识。能够印证新石器时代黄河流域相互交融与影响的文化是

A. 红山文化与仰韶文化　　B. 仰韶文化与大汶口文化

C. 龙山文化与良渚文化　　D. 河姆渡文化与龙山文化

2.《史记·十二诸侯年表》记载的共和元年，是我国历史有确切纪年的开始。这一年

A. 周王室正式颁布历法　　B. 管叔、蔡叔发动叛乱

C. 西周灭亡，东周开始　　D. 召公、周公共同执政

3. 有史书记载两汉之际的社会景象：“广起庐舍，高楼连阁，波陂灌注，竹木成林，六畜放牧，鱼羸梨果，檀棘桑麻，闭门成市，兵弩器械，赀至百万……富拟封君。”这反映了

A. 豪强势力的发展　　B. 门阀士族的形成

C. 自然经济的增长　　D. 区域经济的差异

4. 我国古代重视史学家修养，有才、学、识“三长”之说，对当今的历史研究仍有重要启发。最早提出这一理论的著作是

A.《文史通义》　　B.《史通》

C.《文献通考》　　D.《通典》

5. 乾隆年间，西洋画家郎世宁等奉命绘制《平定准噶尔回部得胜图》。该图“事以图详，军容森列”，被送至法国制版印刷，用于陈设和赏赐，并分发至各处宫殿及督抚衙门，上述行为意在

A. 彰显皇帝的文治武功　　B. 促进中西绘画艺术的交流

C. 融合东西方军事理念　　D. 统一内地与边疆行政体制

6. 1861 年，英国驻华公使在发给外交大臣的报告中强调：“在过去 12 个月中，已造就了一

个倾心于并相信同外国友好交往可能性的派别。有效地帮助这一派人掌权，是一个非同小可的成就。”这反映的史实是

A. 湘军崛起　　B. 太平军占领南京

C. 祺祥政变　　D. 京师同文馆成立

7. 1918年，李大钊发文称：“西洋文明之是否偏于物质主义，宜否取东洋之理想主义以相调剂？此属另一问题。时至今日，吾人所当努力者，惟在如何以吸收西洋文明之长，以济吾东洋文明之穷。”李大钊这一观点

A. 肯定了传统文化的优点　　B. 阐明了新文化运动的实质

C. 批评了西方文明的缺陷　　D. 反映了马克思主义的影响

8. 1935年12月，毛泽东发表讲话：“民族资产阶级同地主阶级、买办阶级不是同一的东西，他们之间是有分别的……他们一方面不喜欢帝国主义，一方面又怕革命的彻底性，他们在这二者之间动摇着。”上述讲话表明，中国共产党决定

A. 与国民党政府实行合作　　B. 调整土地革命时期战略

C. 将工作重心转移到城市　　D. 建立各阶级联合的政府

9. 1943年10月，中共中央向各根据地发出指示，强调组织劳动力是“发展生产的中心环节”，要求“各根据地组织各种形式的互助合作，在自愿原则下，把一切全劳动力和半劳动力组织起来从事生产。这一指示的落实

A. 进一步推进了合作化运动　　B. 加快了土地改革的进程

C. 促进了农村生产体制变革　　D. 解决了根据地财政困难

10. 新中国成立初期，党和国家采取有力措施，在新解放城市进行了稳定经济秩序的斗争，结束了长达十余年的通货膨胀、物价飞涨局面。与此前国民党治理通货膨胀的失败相比，中国共产党能够取得这一重大胜利的关键因素是

A. 掌握全国的重要物资　　B. 以行政手段打击投机资本

C. 依靠苏联的经济援助　　D. 统一全国的财政经济工作

11. 古埃及第10王朝国王阿赫托伊在给其子美利卡拉的教谕中说，国王有高于常人的品质，品质归神审判；国王是英明而强有力的，国王的英明是“出娘胎就具有的”。该教谕旨在

A. 实行政教分离　　B. 强调法老权威

C. 加强贵族教育　　D. 宣扬王权合法

12. 罗马共和国早期，执政官有专门的服饰和侍从。保民官则没有长官的一般标志和侍从，甚至在元老院里也没有专座。这表明，在当时罗马

A. 执政官的权力不受约束　　B. 财产等级不再是任职条件

C. 保民官的实际权力有限　　D. 贵族与平民的矛盾无法调和

13. 高丽王朝规定，年满20岁的良人农民有服兵役的义务，可受田，60岁退役还田。《宣和奉使高丽图经》记载：“有警，则执兵赴敌；任事，则执役赴劳；事已，则复归田亩。”这反映的制度是

A. 募兵制　　B. 部民制

C. 千户制　　D. 府兵制

14. 1345 年，法兰克福呢绒业行会章程规定，如果有人用两部以上的织机工作，将被处以罚款；如果有人强迫做夜工，罚款 1 马克；任何人在购买大青染料时，严格限制数量，违者罚款。这些规定旨在

A. 解决生产原料缺乏问题　　B. 保障劳动者的合法权益

C. 限制行会内部自由竞争　　D. 抑制生产资料私人占有

15. 16 世纪初，一个东正教修道院院长向莫斯科大公提出，基督教中心正转移到莫斯科。这一认识产生的历史背景是

A. 沙皇专制制度废除　　B. 三十年战争的爆发

C. 彼得一世推行改革　　D. 君士坦丁堡的陷落

16. 恩格斯说："各国像守财奴一样相互对立，双手抱住自己珍爱的钱袋，怀着妒忌心和猜疑心注视着自己的邻居。他们使用一切手段尽可能多地骗取那些与自己通商的民族的现钱，并使这些侥幸赚来的钱好好地保持在关税线以内。"这段话评述的是

A. 自由放任政策　　B. 重商主义观念

C. 功利主义学说　　D. 国家资本主义

17. 随着局势发展，北美独立战争逐渐扩大成为国际性战争。对于法国、西班牙、荷兰等国而言，这是争夺商业殖民霸权的战争。推动法国加入反英战争的决定性事件是

A. 西班牙等国的参战　　B. 萨拉托加大捷

C. 富兰克林的游说争取　　D.《美法同盟条约》的签订

18. 19 世纪后半期，拉丁美洲经济发展的典型表现包括

A. 商业和工矿业受制于西方　　B. 贸易逆差得到根本扭转

C. 农副产品严重依赖于进口　　D. 以次级产品出口为导向

19. 英国议会通过的《1909 年印度立法会议法》，规定可以任命印度人参加设在伦敦的印度事务委员会和设在德里的总督行政委员会，并且增加各级立法会议中的印度议员人数。这反映出

A. 英国放松对印度的殖民控制　　B. 印度资产阶级力量不断增强

C. 印度民族独立运动取得胜利　　D. 甘地的不合作运动初见成效

20. 随着二战后西方国家经济形势出现巨大变化，众多新的经济学流派应运而生。其中，对凯恩斯主义进行补充和发展的是

A. 新剑桥学派　　B. 货币学派

C. 新制度学派　　D. 供应学派

二、史料分析题：21—22 小题，每小题 30 分，共 60 分

21. 阅读下列材料，并结合所学知识回答问题

材料一

夫梁之取唐，无异魏、晋之取也，魏、晋得为正，则梁亦正矣。而独曰伪何哉？以有后唐故也。彼后唐者，初与梁为世仇，及唐之灭，欲借唐为名，托大义以窥天下，则不得不指梁为伪，而为唐讨贼也。而晋、汉承之，遂因而不改。故曰因人之论也。

——（宋）欧阳修《原正统论》

材料二

自（唐）天祐之亡，正统于是又绝矣。梁氏弑其君，盗其国，以梁为伪，固也。后唐之兴，藉曰名正而言顺，实非所以复唐。晋氏受国于契丹，尤无足议。而汉、周亦皆取之以非义。况此五代者，皆未尝合天下于一，则其不得以承正统，夫复何疑？

——（明）王祎《正统论》

问题：

（1）分别概括材料一、二的主要观点及其依据（18分）

（2）对中国古代正统论提出自己的观点，并加以阐述。（要求：观点明确，论证充分，表达清晰）（12分）

22. 阅读下列材料，并结合所学知识回答问题

材料一

1965年4月7日，约翰逊总统发表演讲，解释美国“为什么在越南以及为什么越南的形势与美国相关”。他给出三点理由：一是美国要“恪守承诺”，“我们已经做出了国家承诺：帮助南越捍卫其独立……拒绝履行这一承诺……将是不可原谅的错误”。二是为了“巩固世界秩序”，“把越南丢下不管将动摇所有这些国家的人民对美国承诺和美国言辞重要性的信心”。三是为了避免“力量对比”发生变化，“我们在越南退却并不能导致冲突的结束，战斗将在一个接一个的国家中重新开始”。

——摘编自王立新《世界领导地位的荣耀和负担：信誉焦虑与冷战时期美国的对外军事干预》

材料二

1969年7月25日，尼克松在关岛谈到了美国对亚洲和太平洋地区的政策：地区自尊对亚洲的未来将要产生重大的影响，这是必须加以考虑的事情。亚洲是亚洲人的亚洲，这是美国所希望的。美国应当帮助他们，而不应当发号施令。在同所有亚洲友邦的关系方面，应当十分强调以下两点：第一，美国将恪守条约义务。第二，在国内安全问题上，在军事防务问题上，除非受到一个大国的带有核武器的威胁，美国将鼓励并有权期望逐渐由亚洲各国自己来处理，自己承担起解决的责任。

——摘编自齐世荣主编《当代世界史资料选辑》

问题：

（1）分析1965年美国扩大越南战争的原因（9分）

（2）概括尼克松关岛讲话的国际国内背景（10分）

（3）概述美国推行尼克松主义的具体措施及其实质（11分）

三、论述题：23—26小题，每小题40分（其中主体内容占30分，论述组织占10分），共160分。（要求：史实准确，史论结合，逻辑清楚，文字流畅）

23. 论述十六国政权的华夏认同

24. 论述7世纪中期至12世纪末日本的政治体制及其影响

25. 论述1935—1945年中国共产党对马克思主义中国化的推进

26. 论述19世纪中期至20世纪初亚洲民族解放运动的三次高潮及其意义

2025年全国硕士研究生招生考试
历史学基础试题

（科目代码：313）

考生注意事项

1. 答题前，考生须在试题册指定位置上填写考生姓名和考生编号；在答题卡指定位置上填写报考单位、考生姓名和考生编号，并涂写考生编号信息点。

2. 选择题的答案必须涂写在答题卡相应题号的选项上，非选择题的答案必须书写在答题卡指定位置的边框区域内。超出答题区域书写的答案无效；在草稿纸、试题册上答题无效。

3. 填（书）写部分必须使用黑色字迹签字笔或者钢笔书写，字迹工整、笔迹清楚；涂写部分必须使用 2B 铅笔填涂。

4. 考试结束，将答题卡和试题册按规定交回。

一、单项选择题：1—20 小题，每小题 4 分，共 80 分。下列每题给出的四个选项中，只有一个选项符合题目要求

1. 中华民族具有百万余年的人类史，一万年左右的文化史，5000 多年的文明史，到公元前 2600 年至公元前 2000 年左右，许多聚落往往筑墙建城，不少重要的城邑成为区域性中心，下列选项中有这类城邑的是

A. 陶寺文化　　B. 河姆渡文化

C. 仰韶文化　　D. 大汶口文化

2.《魏书》记载，孝文帝迁都洛阳以后，在黄河南岸广开牧场，宣武帝还在两淮地区大行军屯，在当时很多地方存在大量荒地。这说明

A. 课田制已经崩溃　　B. 庄园地主经济瓦解

C. 占田制开始推行　　D. 均田制具备推行条件

3. 唐宪宗时期，宰相李吉甫主持编纂《元和郡县志》，认为舆地之学可以“佐明王扼天下之吭，制群生之命，收地保势胜之利，示形束壤制之端”。这一认识针对的问题是

A. 宦官专权　　B. 朋党之争

C. 财政危机　　D. 藩镇割据

4. 北宋张载、程颢积极参加政治活动，注重探求儒学经典义理，发挥儒学在整齐社会秩序等方面的作用。据此可知，这些学者

A. 重视经世致用　　B. 首倡知行合一

C. 恪守汉学传统　　D. 主张存理灭欲

5.《大明律》规定：“凡城市乡村，诸色牙行及船埠头……官给印信文簿，附写客商船户住贯姓名、路引字号、物货数目，每月赴官查照。私充者，杖六十，所得牙钱入官。官牙埠头容隐者，笞五十，革去。”该规定

A. 降低了商人社会地位　　B. 规范了商品交易行为

C. 减少国家财政收入　　D. 加速行会制度瓦解

6.1866 年 12 月，奕䜣奏请在同文馆设立天文算学馆，遭顽固派攻击，倭仁上书："立国之道，尚礼义不尚权谋，根本之图，在人心不在技艺。"奕䜣则认为"以忠信为甲胄，礼仪为干橹"只是毫无实际作用的空言。二者分歧的焦点在于是否

A. 维护纲常礼教　　B. 借鉴西方政体

C. 学习西方科技　　D. 改革科举制度

7. 中英《烟台条约》规定，凡遇内地各省或通商口岸有关英国人的案件，应由被告所属国官员按照本国法律审判。这一规定

A. 保证了审判公正　　B. 侵犯了中国司法权

C. 减少了贸易纠纷　　D. 确立了领事裁判权

8. 京汉铁路大罢工失败，主要由于敌我力量过于悬殊，帝国主义和封建军阀的联合力量超过了工人组织起来的革命力量，中国共产党从中吸取教训，决定

A. 用革命手段建立无产阶级专政

B. 发动工农群众实施武装斗争

C. 制定反帝反封建的民主革命纲领

D. 加快建立革命统一战线步伐

9. 中国共产党的一份贺电："我们的这一在抗日前进阵地的会合，证明日本帝国主义的强盗侵略是决要受到我们全民族最坚强的抗日先锋队的打击了"，"我们即刻就要进入一个新阶段了，这就是抗日民族革命战争的阶段"。该贺电贺的是

A. 西安事变和平解决　　B. 平型关大捷

C. 国共第二次合作实现　　D. 红军长征胜利

10. 第二次世界大战后，世界上出现了许多新的民主主义国家。1958 年毛泽东指出："民族主义国家既不站在帝国主义的一边，也不站在社会主义的一边，而站在中立的立场，不参加双方的集团。"这一论述有助于当时中国政府

A. 逐步调整"一边倒"外交政策

B. 致力于发展与西方国家的交往

C. 外交重点开始转向发展中国家

D. 推动建立均衡的国际政治格局

11. 一位古代历史学家深入研究伯罗奔尼撒战争，认为雅典日益强大给斯巴达带来恐惧，斯巴达为回应威胁最终引发战争，这位历史学家是

A. 修昔底德　　B. 塔西陀

C. 希罗多德　　D. 色诺芬

12.8 世纪中叶后，阿拉伯帝国的政治重心转移到了东方，促成这一转变的重要史实是

A. 倭马亚王朝兴起　　B. 阿拔斯王朝建立

C. 法蒂玛王朝衰弱　　D. 赛义德王朝崛起

13.987 年，西法兰克王室直系绝嗣，贵族开会商讨国王人选，兰斯大主教说："如果你们愿

意断送国家，则可以选立查理（路易五世的叔父），如果你们愿意造福于国家，则应为休·卡佩加冕。”参会者同意，这说明了当时

A. 教会有权决定国王的废立　　B. 国王可在一定范围推选产生

C. 王位继承血亲因素已取消　　D. 等级君主制度已经初步形成

14.11 世纪晚期，拜占庭皇帝将帝国土地的收入、税收乃至司法管辖权授予个人或者机构，以换取相应的军事服务。获受者可以终身占有，但不能转让和继承，皇帝也可以收回。这种制度是

A. 行省制　　B. 隶农制

C. 恩准制　　D. 军区制

15. 在中世纪很长一段时间内，罗马教廷声称拥有罗马城等原西罗马帝国的领土，其依据的是教会文书“君士坦丁的赠礼”。1440 年，洛伦佐·瓦拉通过语言、历史等考证方法证明这份文书系伪造。这种研究方法体现了

A. 经院主义　　B. 历史主义

C. 人文主义　　D. 科学主义

16.1492 年以前，美洲大约有 1400 万—4000 万印第安人，一个世纪后减少了 90%—95%，加勒比海岛及其热带沿海地区的印第安人几乎灭绝，其主要原因是

A. 生态环境的恶化　　B. 粮食危机

C. 部落战争频繁　　D. 殖民征服

17.1648 年 10 月，神圣罗马帝国、法国、瑞典等在威斯特伐利亚签署了结束战争的和约。规定：神圣罗马帝国境内的一些地区独立，帝国诸侯的权利和特权得到了进一步的确认。该和约导致

A. 神圣罗马帝国彻底瓦解　　B.“教随国定”原则废除

C. 德意志分裂进一步加剧　　D. 欧洲的农奴制加速解体

18.1867 年，列强占领非洲 10.8% 的土地，到 1900 年，这一比例达到 90.4%，列强短期内疯狂瓜分了非洲，主要借口是

A. 门户开放　　B. 有效占领

C. 大陆均衡　　D. 门罗主义

19.1922 年苏德《拉巴洛条约》的主要内容包括：彼此放弃战争索赔权利，两国立即恢复外交及领事关系，合作和发展相互间的贸易等。这表明

A. 绥靖外交失败　　B. 凡尔赛体系的瓦解

C. 国家利益至上　　D. 意识形态斗争激烈

20.1946 年美国白宫的一份报告认为：“一切在目前不处于苏联势力范围之内的国家，在他们反抗苏联的斗争中，都应得到美国慷慨的援助和政治上的支持。”不久，美国在此类报告基础上提出了称霸世界的

A. 杜鲁门主义　　B. 马歇尔计划

C. 麦卡锡主义　　D. 舒曼计划

二、史料分析题：21—22 小题，每小题 30 分，共 60 分

21. 阅读下列材料，并结合所学知识回答问题

材料一：

国初，有征伐之役，分任军民之事，皆称行省，未有定制。中统、至元间，始分立行中书省，因事设官，官不必备，皆以省官出领其事。其丞相，皆以宰执行某处省事系衔。

——（元）苏天爵《元文类》

材料二：

元代分省建置，惟务侈阔，尽废《禹贡》分州、唐宋分道之旧。合河南、河北为一，而黄河之险失；合江南，江北为一，而长江之险夫；……故元、明二季流贼之起也，来无所堵，去无所侦，破一县，一府震；破一府，一省震；破一省，各直省皆震。

——（清）魏源《圣武记》

问题：

（1）根据材料一概括元代行省的演变过程和作用。（16 分）

（2）根据材料，围绕唐宋至清前期的地理环境与行政区设置的关系，提炼出一个观点，并加以评述。（要求：观点明确、论证充分，表达清晰）（14 分）

22. 阅读下列材料，并结合所学知识回答问题

材料一：

1819 年，在密苏里能否以蓄奴州加入联邦问题上，奴隶制再次成为全国性政治议题，南北双方陷入极端对立，联邦首次面临分裂危机。南北双方经过艰苦谈判，最终达成妥协，有惊无险地浇灭了这场“烧毁联邦的大火”。19 世纪 30 年代以来，奴隶制问题被双方心照不宣地搁置起来，不仅退出全国视野，而且从公共话语和政治辩论中消失。

——摘自刘绪贻《美国通史》等

材料二：

以林肯为首的北方政府一开始就宣布恢复国家的统一（或拯救联邦）是战争的主要目标。林肯特别坚持这个目标。他的这个态度遭到激进派和废奴派的反对，他们要求政府为解放南方奴隶而战，把解放奴隶作为北方进行战争的最高目标。……解放奴隶会给我们带来在南方土地上生长起来的 20 万人（指黑人）。它还会给我们更多的东西，它使敌人减少同样多的东西。

——摘自吴于廑主编《世界史》等

问题：

（1）根据材料一，概述奴隶制问题在美国公共话语和政治辩论中消失的原因。（12 分）

（2）根据材料说明林肯提出解决黑奴主张的历史背景，并对《解放宣言》予以评价。（18 分）

三、论述题：23—26 小题，每小题 40 分（其中主体内容占 30 分，论述组织占 10 分），共 160 分。（要求：史实准确，史论结合，逻辑清楚，文字流畅）

23. 论述东汉大姓豪族的特点及其对汉末地方政治的影响

24. 论述 1—6 世纪欧亚民族大迁徙及其影响

25. 论述 20 世纪 50—80 年代中国共产党在四个现代化上的探索并分析其历史意义

26. 论述 19 世纪中后期欧洲资本主义政治、经济的发展状况

历史学统考·估分模拟卷

（科目代码：313）

考生注意事项

1. 答题前，考生须在试题册指定位置上填写考生姓名和考生编号；在答题卡指定位置上填写报考单位、考生姓名和考生编号，并涂写考生编号信息点。

2. 选择题的答案必须涂写在答题卡相应题号的选项上，非选择题的答案必须书写在答题卡指定位置的边框区域内。超出答题区域书写的答案无效；在草稿纸、试题册上答题无效。

3. 填（书）写部分必须使用黑色字迹签字笔或者钢笔书写，字迹工整、笔迹清楚；涂写部分必须使用 2B 铅笔填涂。

4. 考试结束，将答题卡和试题册按规定交回。

一、单项选择题：1—20 小题，每小题 4 分，共 80 分。下列每题给出的四个选项中，只有一个选项符合题目要求

1. 史书记载："山东郡县少年苦秦吏，皆杀其守尉、令丞反，以应陈涉。"史书也记录了秦末一名山东人士游说范阳令："秦法重。足下为范阳令十年矣，杀人之父、孤人之子、断人之足、黥人之首，不可胜数。"希望他主动打起反秦的旗号，否则一旦局势大乱，立刻会被寻仇。这说明

A. 秦朝郡县长官对地方的统治效果比较有限，时常遭到反叛

B. 秦朝郡县长官的权力很大，可以在法令之外对百姓施加酷刑

C. 秦朝法令非常严苛，山东之人普遍难以忍受

D. 秦朝统一山东六国后心存报复，对山东采取了高压统治

2. 战国秦汉时期，劳动人民主要有自由民和奴隶两种类型。但到了魏晋南北朝时期，出现了依附民这个阶层，其来源之一是战乱导致流徙："永嘉之乱，默（注：人名）率众以为坞主……流民依附者甚众。""时百姓遭难，流移此境，流民多庇大姓以为客。"以下说法准确的是

A. 所有的依附民都由流民转化而来　　B. 依附民有随时离去的自由

C. 流民往往依附同姓亲族　　D. 依附民身份比自由民较低

3.《孟子》一书中提到了"布缕之征""粟米之征"和"力役之征"，这三种"征"最全面地体现在哪一种制度上？

A. 口赋与算赋　　B. 租庸调制

C. 土断与括户　　D. 佃租与科差

4. 史学家钱穆在《中国历代政治得失》里这样评价一个朝代，说在当时，地方收入全部运往中央，地方没有存储；同时，也把地方兵力集中到中央去了。正是因为如此，所以首都一失，全国的局面就比较危急。这完美解释了朱熹的一句话："兵也收了，财也收了，赏罚行政一切收了。"钱穆说的是哪个朝代？

A. 唐朝　　B. 宋朝

C. 元朝　　D. 明朝

5. 雍正帝在《大义觉迷录》中说道："本朝之为满洲，犹中国之有籍贯。舜为东夷之人，文王为西夷之人，曾何损于圣德乎！"他这番话表达的核心意思是什么？

A. 早在上古时期，中国的东西两部已经连为一体了

B. 中国的版籍在理论上无限大，满洲便是其中之一

C. "夷狄"出身不应该是统御华夏的障碍

D. "夷狄"之人只要潜心向学，也可以修炼出"圣德"

6. 第一任印度总督哈斯丁斯在 1773 年宣称："鸦片不是生活必需品，而是一种有害的奢侈品。"但他却通过官方（在得知中国政策后改为非官方）途径大力发展对华鸦片走私贸易。1839 年林则徐在虎门销毁了英国商人的鸦片两万余箱，英国政府随后以清政府侵害了英国公民的财产权等借口发动鸦片战争。这说明

A. 英国政府重视且致力于维护私人财产权

B. 清廷昧于世界大势，与文明世界作对

C. 鸦片战争的爆发是清政府咎由自取

D. 道义因素并非英国发动鸦片战争的首要考量

7. 第一次鸦片战争时，在清廷朝野人士眼中，英国大概和以往强势的游牧民族差不多，军事上强大而在文化上落后。第二次鸦片战争之后，恭亲王奕䜣和列强深入打交道后有了新的看法，认为"英国志在通商，暴虐无人理，不为限制，则无以自立，肢体之患也"。以下说法正确的是

A. 奕䜣认为英国对华交往的唯一目的就是通商

B. 奕䜣认为英国是当时世界第一强国

C. 奕䜣认为应该尽量顺从英国的诉求和想法

D. 奕䜣认为英国的主要诉求是通商且其蛮横霸道

8.19 世纪末期，《泰晤士报》曾说："英国无论如何不能在印度支那同法国为邻，现在已经是划清不许法国逾越的那个界限的时候了。"同一时期，法国也说："维持一个强大、独立的、两边都有明确国界的暹罗王国，使大不列颠领土和法国在印度支那半岛的领土之间有一个固定的屏障，而这种协议对双方都是有利的，它可以防止两国之间不然就有可能发生的那些麻烦。"这说明

A. 英法都意识到了进一步殖民扩张会遭到强硬抵抗

B. 英法致力于保障暹罗的明确国界

C. 列强之间的妥协是暹罗没被殖民的重要原因

D. 英法两国实现了睦邻友好，互不与对方为敌

9.1948 年 2 月，斯大林回忆说："战后……我们认为，在中国开展武装斗争是没有前途的，中国的同志们应当找到某种同蒋介石妥协相处的安排，他们应当参加蒋介石的政府，并解散他们的军队。"斯大林在战后初期形成这种态度的主要原因是

A. 中共长时间脱离共产国际的指挥，已成为苏共的敌人

B. 苏联担心国共内战会把苏联拖下水，导致苏联与美国产生直接冲突

C. 苏联认为中共统一中国之后将威胁自己在共产主义阵营的霸主地位

D.《雅尔塔协定》将中国划为美国的地盘

10. 1956 年社会主义改造完成之后，毛泽东说："你有那么多人，你有那么一块大地方，资源那么丰富，又听说搞了社会主义……结果你搞了五六十年还不能超过美国，你像个什么样呢？那就要从地球上开除你的球籍！" 1958 年前后毛泽东提出"超英赶美"的口号，号召钢产量 15 年赶超英国、50 年赶超美国。上述材料说明

A. 毛泽东确信社会主义制度可以有效解放生产力

B. 英美等国对新中国有着很大敌意

C. 中共高层领导人普遍急切地要改善中国工业落后的局面

D. 中国的工业产值目前是世界第一，早就实现了毛泽东的诉求

11. 有学者这样分析某个古代国家的政权组织形式："不是通过获得国家最高官职、直接掌握决策权而获得政治领袖地位。他们成为政治领袖的唯一途径，是以个人身份就城邦事务向公民大会提案，并在公民大会上阐述自己的政策主张，说服公民投票采纳自己提案的人，方能成为真正的政治领袖。"这最有可能是哪个国家？

A. 古希腊　　B. 古印度

C. 古埃及　　D. 古巴比伦

12. 罗马帝国塞维鲁王朝的皇帝卡拉卡拉于 212 年颁布了《卡拉卡拉敕令》，将罗马公民权授予帝国境内的全体自由民，这一举措在罗马帝国历史上具有重大意义。《卡拉卡拉敕令》的主要目的是

A. 强化对自由民的管理　　B. 扩大罗马帝国统治范围

C. 扩大罗马税源征收范围　　D. 提高罗马公民的地位

13. 1550 年伊凡四世颁布新的土地法令，要求没收教会的土地，但由于教士坚决反对，伊凡四世只好妥协。至彼得一世时期颁布《宗教事务管理条例》，没收教会财产，限制神职人员自由。此时教会无力反抗彼得一世的命令，不得不答应其要求。这一变化反映出

A. 政教不分的弊端　　B. 政教互相依赖

C. 王权对教权的征服　　D. 彼得一世综合改革的成功

14. 威廉二世时期，德国由面向欧洲的"大陆政策"转变为面向海洋的"世界政策"。威廉二世甚至得意地解释"德国的未来在海上"，并扬言"定叫海神手中的三叉戟（制海权）掌握在我们手中"。这表明

A. 德国试图夺取海洋霸权　　B. 海洋的控制权将决定综合国力的盛衰

C. 德国试图夺取欧陆沿海的出海口　　D. 德国沿海地带将得到大力发展

15.1917 年，布尔什维克在市杜马选举中的得票率出现较大变化。比如，在彼得格勒由 5 月的 20% 上升到 9 月的 33.5%。同年，在莫斯科区议会的选举中布尔什维克的得票率从 7 月的 11% 上升到 10 月的 51%。这表明

A. 临时政府的统治不稳固　　B. 暂不具备革命的条件

C. 资产阶级临时政府即将垮台　　D. 布尔什维克的影响力正逐步提升

16.1812 年，称霸欧洲的拿破仑带领 60 万大军进攻俄罗斯，最终惨败而归。1941 年，希特勒大举进犯苏联，最后导致德国解体。拿破仑和希特勒失败的相似点是

A. 军事实力的不足　　B. 受恶劣天气的影响

C. 军队斗志的低落　　D. 盟友的拖累

17.19 世纪德国、意大利都成功地进行统一运动，两国的相同之处在于

A. 统一的方式　　B. 教皇的作用

C. 群众的作用　　D. 外国势力的作用

18. 福熙元帅 1919 年说："这不是和平，这是 20 年的休战。"到 1929 年，"特别是德、意、日这三个'修正主义国家'，它们对凡尔赛—华盛顿体系不满，要求改变现状，重新确立其国家在战后经济和政治秩序中的地位和作用"。这说明

A. 国联的建立损害了德、意、日的利益

B. 德、意、日在一战后受到了战胜国的剥削

C.1920 年代的世界充满了战争的氛围

D. 凡尔赛—华盛顿体系内部充满矛盾

19. 在第二次世界大战初期，从 1939 年 9 月德军进攻波兰到 1940 年 5 月德国开始进攻法国之间，西线几乎没有发生什么战事，几乎没有开过一枪。德国的老百姓把这种战争称为"静坐战"。静坐战的出现是由于

A. 英法尚未对德宣战　　B. 英法对德的绥靖政策

C. 英法士兵厌恶战争　　D. 波兰拒绝援助

20.1937 年，苏联工业总产值在世界工业总产值中所占的比例由战前 1913 年的 2.6% 上升到 10%，全苏的工业生产水平由 1913 年的世界第五位和欧洲第四位变为世界第二位和欧洲第一位。这是由于

A. 两个五年计划的实施　　B. 欧洲工业的衰落

C. 西欧对苏联的援助　　D. 苏联未受经济危机影响

二、史料分析题：21—22 小题，每小题 30 分，共 60 分

21. 阅读下列材料，并结合所学知识回答问题

材料一：

高祖末年，非刘氏而王者，若无功上所不置而侯者，天下共诛之。

——司马迁《史记》

材料二：

明祖以布衣起事，与汉高同，故幕下士多以汉高事陈说于前，明祖亦遂有一汉高在胸中，而行事多仿之……徙江南富人十四万户于中都，即汉初徙齐、楚大族昭氏、屈氏、景氏、怀氏、田氏，以实关中之例也。娄敬请徙齐、楚诸大族，以实关中，汉高从之，徙者十余万户。分封子弟于各省，以建屏藩，即汉初分王子弟，以弟交王楚、从弟贾王荆、从子濞王吴、子肥王齐、如意王赵、文帝王代之例也。诏天下富民，年八十以上赐爵里士，九十以上赐爵社士，即汉初赐民爵七大夫以上之例也。甚至胡、蓝之狱，诛戮功臣，亦仿菹醢韩、彭之例，此则学之而过甚者矣！

——赵翼《廿二史劄记》

问题：

（1）用白话文解释材料一大意（6分）

（2）根据材料二归纳明祖效仿汉高祖之举措（12分）

（3）根据两则材料并结合所学知识谈谈汉高祖与明祖诛戮功臣之原因（12分）

22. 阅读下列材料，并结合所学知识回答问题

材料一：

他（按：指拿破仑）常常最感遗憾的一件事是，他无法援引正统的原则来作为他的权力的基础。很少有人像他这样深刻地意识到：丧失了这种基础的权力是岌岌可危、摇摇欲坠而又易遭到攻击的。他从不放过一次机会向那些认为他是篡位而登上宝座的人焦急地提出抗议。他有一次对我说："法兰西的王位本来是空着的。路易十六没有能保卫他自己。要是我处于他的地位，那次大革命绝不会成功。国王被推翻了，在法兰西国土上建立了共和国。我所取代的是共和国。法兰西的旧王位被埋在他的垃圾堆下；我必须建立一个新的王位。波旁王室不能统治这个新建的基业。我的力量在于我的运气：像帝国一样，我是新的；因此，帝国和我完全是一而二、二而一的。"

——摘自《梅特涅论拿破仑》

材料二：

1814年10月5日塔列朗（按：法国参加维也纳会议的代表）通知四国代表，同意延期举行大会，但要求接受他的一个基本原则。他写道："我什么也不要求，可是我给你们带来了重要的东西——神圣的正统原则。"

塔列朗提出的正统主义，很快就成为维也纳会议的指导原则之一。大国利用这一原则极力恢复法国革命前许多国家的旧正统王朝的统治，造成历史倒退的现象。但是，根据当时的具体情况，正统主义口号的提出还是具有一定积极意义的。塔列朗是为维护法国利益提出这一原则的。

——摘自刘宗绪主编《世界近代史》

材料三：

维也纳会议有关战后欧洲的各种安排，只能根据这七国（按：指的是英国、俄国、奥地利、普鲁士、瑞典、西班牙和葡萄牙）的决定作出。不过，七国这个数目，对于英、俄、奥、普四大盟国来说，依然嫌多。所以，它们决定将大会的全部工作控制在自己的手中。后来，法国也被吸收进来，于是形成了五国委员会。

这次会议，就是根据五大国的决定来处理欧洲的重大问题。至于其他中小国家的代表，根本无法发挥作用。正如大会秘书长所说，这个五大国委员会才是"真正和唯一的维也纳大会"。

——摘编自方连庆、王炳元、刘金质主编《国际关系史（近代卷）》

问题：

（1）根据材料一总结，拿破仑为什么要强调"我所取代的是共和国"（8分）

（2）根据材料二、材料三并结合所学知识回答，为什么法国被四大国接纳组成"五国委员会"（12分）

（3）根据所学知识回答，五大国委员会作出了哪些决议（10分）

三、论述题：23—26小题，每小题40分（其中主体内容占30分，论述组织占10分），共160分（要求：史实准确，史论结合，逻辑清楚，文字流畅）

23. 从国家统一进程的角度论述西周的封建制

24. 论述1927—1949年中国共产党土地政策的变化

25. 论述7世纪初穆罕默德统一阿拉伯半岛的背景、过程和影响

26. 论述19世纪末20世纪初（截至一战前）美国对亚洲、拉美、欧洲的外交政策

历史学统考

真题实战

超详解析册

主编 范无聊

10 套统考真题

（2016——2025）

+

1 套压轴模拟卷

山东人民出版社 · 济南

国家一级出版社 全国百佳图书出版单位

目录

超详解析册

真题试卷

点睛卷

2016年全国硕士研究生招生考试
历史学基础试题参考答案

一、单项选择题

（一）答案速查

1	2	3	4	5	6	7	8	9	10
B	D	C	D	C	B	A	D	B	A
11	12	13	14	15	16	17	18	19	20
D	C	D	A	C	A	A	C	B	B

（二）答案精解

1.B　答案分析：蛋壳黑陶是新石器时代晚期的一种薄壁黑陶，龙山文化泛指中国黄河中、下游地区约新石器时代晚期的一类文化遗存，属铜石并用时代文化，考古学家把这些以黑陶为主要特征的文化遗存命名为“龙山文化”，因此选B。仰韶文化是黄河中游地区一种重要的新石器时代彩陶文化；良渚文化最大特色是出土的玉器；大汶口文化以特点鲜明的陶器为主要特征，以夹砂陶和泥质红陶为主，也有灰陶、黑陶，并有少量硬质白陶。

2.D　答案分析：五均六筦是王莽新朝时对六种经济事业的管制措施，王莽仿照《周礼》的制度推行新政，建立五均赊贷（贷款制度）、六筦（盐、铁、酒专卖，政府铸钱，名山大泽产品收税）政策，因此选D。算缗是西汉武帝时国家向商人征收的一种财产税，算缗告缗实际上是秦和汉初以来抑商政策在新的历史形势下的继续和发展；均输法是指在汉武帝时期推行的，由国家在各地统一征购和运输货物的经济政策；盐铁官营相传最早始于春秋齐国。

3.C　答案分析：慧远大师是中国东晋时的高僧，曾居庐山，与刘遗民等同修净土，为净土宗之始祖，因此选C。佛图澄大师（232—348年），西域人，晋怀帝永嘉四年（310年）来到洛阳，时年七十九岁；僧肇为鸠摩罗什弟子，被罗什誉为“中华解空第一人”；鸠摩罗什祖籍天竺，出生于西域龟兹国（今中国新疆库车），拜凉国国师。

4.D　答案分析：隆庆（1567—1572年）是明穆宗朱载垕的年号，明穆宗于1571年与蒙古达成了对鞑靼部首领俺答汗（1507—1582年）封王等协议，史称“隆庆和议”，因此选D。也先（？—1455年）、鞑靼领导人阿鲁台（？—1434年）、达延汗（1473—1517年）在隆庆年间已逝。

5.C　答案分析：各省巡抚为正二品，布政使、按察使为从二品，知县为正七品（俗称七品芝麻官），巡检为从九品，因此选C。

6.B　答案分析：镇江之战是中英鸦片战争中的一场战役，1842年7月21日英军进犯镇江，青州旗兵浴血奋战，重创英军，英军损失达到了鸦片战争期间以及此次战斗之前历次战斗的总和，因此选B。虎门之战、广州之战，英军均无人死亡，乍浦之战，英军死9人。

7.A　答案分析：鸦片战争之后，中国签订了一系列不平等条约，此后列强一直试图使鸦片合法化，在1858年英法等国强迫中国签订的《通商善后条约》中，规定鸦片以“洋药”名义进口，从此鸦片一直作为合法进口商品，在中国行销近60年，因此选A。

8.D　答案分析：《中国日报》是1899年陈少白在香港创办的，也是兴中会第一份宣传革命的报纸。《二十世纪之支那》是清末中国留日学生革命刊物，月刊，由宋教仁、黄兴于1905年在东京创办，杂志的中心口号是“爱国主义”。《民立报》对促成辛亥革命的发生、发展都起了极为重要的作用，1910年10月11日在上海创刊，因此选D。《知新报》的出现正值推行维新运动时期；《申报》于1872年4月30日在上海创刊，是近代中国发行时间最久、具有广泛社会影响的报纸，是中国现代报纸开端的标志；《民报》是中国同盟会的机关报。

9.B　答案分析：晋察冀抗日根据地是聂荣臻在抗日战争时期于敌后开创的第一个抗日根据地，也是当时各敌后根据地建设的模范，因此选B。

10.A　答案分析：“四马分肥”是当时对民族资本主义企业的利润分配形式的形象说法，指企业利润按国家征收的所得税金、企业公积金、职工福利奖金和资方的股息红利四部分分配。1956年全行业公私合营后，资方的股息红利被定息代替，因此选A。

11.D　答案分析：拉美西斯二世是古埃及第十九王朝法老，其执政时期是埃及新王国最后的强盛年代，建立了许多神庙和建筑，卡纳克神庙与卢克索神庙均在新王国时期大规模建设，因此选D。

12.C　答案分析：封君封臣制中封臣的积极义务便是服军役，身为封臣应该随时应召执行军事任务，其核心任务主要是防卫性的工作，所有的军役装备均由封臣自备，因此选C。

13.D　答案分析：《源氏物语》是日本平安时代女作家紫式部创作的一部长篇小说，以日本平安王朝全盛时期为背景，一般认为成书于1001年至1008年间，因此选D。和泉式部是日本平安时期的女诗人，她与《枕草子》作者清少纳言、《源氏物语》作者紫式部并称平安时代的“王朝文学三才媛”；清少纳言是日本平安时期著名的女作家，中古三十六歌仙之一；藤原道纲母是有名的女歌人。

14.A　答案分析：伊克塔是阿拉伯文音译，即“采邑”，阿拉伯帝国赐予穆斯林行政和军事官员作为收入来源的土地，出现于7世纪末的倭马亚王朝，到10世纪盛行。受封者称为伊克塔，因此选A。瓦克夫是专门用于符合伊斯兰教法规定的宗教与社会慈善事业；伊纳姆是中世纪印度德里苏丹国时期国王赐予伊斯兰教阿訇的封地。

15.C　答案分析：塞万提斯被誉为“西班牙文学世界里最伟大的作家”。其作品《堂·吉诃德》达到了西班牙古典艺术的高峰，标志着欧洲近代现实主义小说的创作进入了一个新的阶段，因此选C。乔叟被公认为是中世纪英国最伟大的诗人之一，英国诗歌的奠基人，被后人誉为“英国诗歌之父”；拉伯雷是文艺复兴时期法国人文主义作家之一，主要著作是长篇小说《巨人传》；伊拉斯谟是中世纪尼德兰著名人文主义思想家。

16.A　答案分析：格拉古兄弟是指提比略·格拉古（前168年—前133年）和盖约·格拉古（前154—前121年）两兄弟，他们是前2世纪罗马共和国著名的政治家，平民派领袖。他们分别当选公元前133年及前123年、前122年的古罗马保民官；农民出身的弗朗索瓦·诺埃尔·巴贝夫也曾创办《出版自由》（后改为《人民保民官》），因此选A。

17.A　答案分析：德国文化斗争是指1871—1887年德意志帝国俾斯麦政府与天主教会及其代表中央党的斗争，因此选A。德国“大陆政策”指的是德意志第二帝国首相奥托·冯·俾斯麦执政期间推行的外交政策的总称；铁血政策是指普鲁士首相俾斯麦于1862年提出的通过王朝战争实现德意志统一的政策；非常法是实行专制独裁统治的一种手段。

18.C　答案分析：1878年，英、法等国策划成立了所谓“欧洲人内阁”，由英国人担任埃及的财政部长，法国人出任公共工程部长，并握有内阁的实权。“欧洲人内阁”采取的不断增税的政策，激起了埃及各阶层的强烈反对，成为阿拉比革命的重要促成因素之一，因此选C。

19.B　答案分析：1898年10月，美西双方代表在巴黎会面商讨战后安排问题，12月美西双方在巴黎签订和约，即《巴黎和约》，西班牙放弃古巴并承认古巴独立，因此选B。《旧金山和约》是由第二次世界大战的48个战胜国与战败国日本于1951年9月8日在美国旧金山所签订的和约；《桑洪条约》是1878年古巴起义军中的妥协派同西班牙殖民当局在古巴卡马圭省桑洪签订的条约。

20.B　答案分析：1937年中东战争期间，石油输出国的石油危机是导致西方国家发生经济危机的重要触发原因，危机首先从英国开始，美、日、法等国相继卷入，因此选B。

二、名词解释

21. **弭兵运动**：春秋中期，晋、楚长期争霸，连年战争，中原各国不堪重负，希望停战。（3分）宋国两次倡导并召开弭兵之会，一次是公元前579年促成晋、楚暂时休战，一次是公元前546年各国承认晋、楚霸主地位，晋、楚争霸局面结束。（7分）

22. **嘉定和议**：南宋开禧北伐失败后，于嘉定元年（1208年）与金签订的和约。（3分）金宋之间称伯侄之国，宋向金纳岁币银30万两、绢30万匹；一次性缴纳“犒军钱”300万贯，金退出淮南等地，双方恢复原有边界。（7分）

23. **明代司礼监**：明代宦官机构之一。（2分）洪武后期置，提督太监掌宫内礼仪、刑名等事。自明武宗始，司礼监秉笔太监掌机密、批阅奏章等，实权多在内阁首辅之上，有时统领东厂。（8分）

24. **“十通”**：《通典》《通志》《文献通考》《续通典》《续通志》《续文献通考》《清通典》《清通志》《清文献通考》《清续文献通考》。（10分）

25. **《查士丁尼战争史》**：6世纪由拜占庭历史学家普罗科比创作。（2分）记述了查士丁尼对北非汪达尔王国、意大利东哥特王国及东方波斯帝国的战争。（5分）虽有对查士丁尼歌功颂德之意，但所记史事多为作者亲历，具有很高的史料价值。（3分）

26. **壬申之乱**：672年（壬申年）发生在日本的争夺皇位的事变。（2分）改新派代表、被废的原皇位继承人大海人，率军打败大友朝廷军队，继位为天皇。（5分）确立了以天皇为中心的中央集权制，完成了大化改新的政治目标。（3分）

27. **美国“文官条例”（1883年）**：美国国会通过的文职官员考试录用条例。（2分）禁止按照竞选期间的贡献来分配公职，并规定了文官公开竞争考试的具体办法。（5分）减少了美国政党的腐败现象，促进了美国政治制度的发展。（3分）

28. **阿拉曼战役**：第二次世界大战期间发生在北非的一次著名战役。（2分）1942年10—11月，英军在蒙哥马利的统率下在埃及阿拉曼地区击败隆美尔统率的德意联军。（6分）此后，英军掌握了北非战场的主动权。（2分）

三、史料分析题

29.（1）“是使数十年后，中原几无可以御敌之兵，且无可以充饷之银”是指鸦片如不禁止，若干年后中国将没有抵抗外敌之兵，军饷也将没有来源。（8分）“浙洋之事”指鸦片战争爆发后英军攻陷浙江定海等地。（2分）“羁縻”原意为控制笼络，文中指向英国妥协。（2分）

（2）林则徐认为英国军力虽强，但并非不可战胜，不能妥协退让。最初，林则徐对英军的认识尚有不符实际之处；后来，林则徐对英军有了更多的了解，主张利用广东的财力，加强战备，制造利

炮坚船，坚决抵抗。（18分）

30.（1）“议事会”（Boule）指雅典“500人议事会”。（3分）“人民”（Demos）指雅典公民大会。（3分）“狄奥尼索斯节”是酒神节，古希腊人的狂欢节。（3分）铭文属于公元前5世纪（或古典时代）。（3分）

（2）政策：雅典城邦利用提洛同盟盟主地位，每年向盟内各邦征收贡金，并控制盟邦的军事、外交、政治、经济等要务。影响：雅典将同盟变为称霸的工具，对外推行霸权，引起与其他城邦尤其是伯罗奔尼撒同盟盟主斯巴达的冲突，引发了伯罗奔尼撒战争。（18分）

四、论述题

31. 共同点：结束了长期分裂，建立了统一的中央集权国家；在继承前代改革成果的基础上进行了里程碑式的制度创新；兴建了大规模工程；穷兵黩武；二世而亡。（15分）

历史作用：结束了分裂局面，实现了国家统一，建立的政治、经济制度为汉、唐所继承；兴建的大规模工程惠及后世，为汉、唐强盛奠定了基础；秦统一文字、隋开创科举制等举措产生了深远影响；为后世提供了统治的经验及教训。（15分）

论述组织。（10分）

32. 政治：日本通过甲午战争从中国获得巨额赔款和其他权益，窃据钓鱼岛，霸占台湾、澎湖列岛，加快了现代化进程，逐步成为列强之一；进一步推行侵华的大陆政策，以福建为其势力范围，参与八国联军，强迫中国签订“二十一条”；扶植中国军阀、干预中国内政。通过日俄战争夺取了俄国大部分在华权益；一战期间出兵中国山东；巴黎和会上，日本获得了德国在中国山东的一切权益。日本的侵略严重破坏了中国主权，阻碍了中国的现代化进程，使中国的民族危机更加深重，激起了中国人民的反抗。（20分）

文化：日本对华优越感进一步膨胀。中国人则在反对日本侵略的同时，掀起了留学日本的热潮；大量西方新思想、新观念通过日文转译传入中国。戊戌维新、清末新政、辛亥革命、新文化运动等也受到来自日本的影响。（10分）

论述组织。（10分）

33. 背景：二战后，冷战局面开始呈现，两大对立阵营形成；1949年北大西洋公约组织成立；后联邦德国加入北约；苏联及东欧社会主义国家面临威胁。（6分）

内容：1955年苏联与波兰等八国在华沙缔结《友好合作互助条约》（通称《华沙条约》）。该条约规定缔约国之间保证在国际事务中不以武力相威胁或使用武力，如果在欧洲发生对一个或几个缔约国的武装进攻，其他缔约国以一切必要方式，对遭受进攻的国家进行援助。（12分）

影响：标志着在欧洲大陆中心地带形成了与北约对立的军事政治集团；华沙条约组织形成之初，对保障东欧社会主义国家安全起了作用；但苏联在东欧驻军，干涉东欧国家内部事务和对外政策，遂使华约成为苏联控制东欧、推行霸权主义和扩张侵略的工具。1991年，华沙条约组织正式解散。（12分）

论述组织。（10分）

2017年全国硕士研究生招生考试
历史学基础试题参考答案

一、单项选择题

（一）答案速查

1	2	3	4	5	6	7	8	9	10
C	A	D	D	A	B	C	D	C	A
11	12	13	14	15	16	17	18	19	20
B	A	D	B	B	B	D	B	D	A

（二）答案精解

1.C　答案分析：1923年，马家窑文化发现于甘肃省临洮县的马家窑村，主要分布于黄河上游地区及甘肃、青海境内的洮河、大夏河及湟水流域和凉州的谷水流域一带，因此选C。仰韶文化是黄河中游地区一种重要的新石器时代彩陶文化；龙山文化泛指中国黄河中、下游地区，约新石器时代晚期的一类文化遗存，属铜石并用时代文化；河姆渡文化是中国长江流域下游以南地区的新石器时代文化。

2.A　答案分析：西汉初年对匈奴采取和亲政策，公元前202年汉高祖曾率30万大军迎战匈奴，之后有了白登之围，为了休养生息，直到汉景帝时期都是以和亲为主，因此选A。汉武帝时期对匈奴发动了三次大规模战争；西汉后期又采取和亲政策，汉元帝将王昭君作为公主，远嫁呼韩邪单于。

3.D　答案分析：魏晋玄学是中国魏晋时期出现的一种崇尚老庄的思潮。魏晋时人注重《老子》《庄子》和《周易》，称之为“三玄”，而《老子》《庄子》则被视为“玄宗”，因此选D。

4.D　答案分析：东林书院创建于北宋政和元年（1111年），是当时北宋理学家程颢、程颐嫡传高弟、知名学者杨时长期讲学的地方，后废。明朝万历三十二年（1604年）由东林学者顾宪成等人重新修复并在此聚众讲学，他们倡导“读书、讲学、爱国”的精神，引起全国学者普遍响应，东林书院成为江南地区人文荟萃之区和议论国事的主要舆论中心。顾宪成因创办东林书院而被人尊称“东林先生”，因此选D。

5.A　答案分析：民国时期景德镇曾与广东佛山镇、湖北汉口镇、河南朱仙镇并称全国四大名镇，汉口镇是中国四大名镇之首，因此选A。

6.B　答案分析：洋枪队是19世纪60年代清朝地方官员为镇压太平天国等农民起义，雇募外籍官兵及部分中国人组成的、装备洋枪洋炮的雇佣性武装，洋枪队虽然存在的时间并不长，但其编制、装备、训练与战术对清军的近代化有相当影响。其中淮军最早仿效洋枪队，装备洋式武器，进行洋式操练，率先走上军事近代化的道路，因此选B。

7.C　答案分析：《革命军》由邹容所撰，是第一部宣传民族民主共和国思想的著作，邹容在书中旗帜鲜明地号召人们彻底推翻清朝统治，建立一个独立、民主的“中华共和国”，因此选C。《兴中会宣言》标志着兴中会的成立，斥责清王朝昏庸误国，招致严重的民族危机，申述该会以“振兴中华，挽救中局”为宗旨；《警世钟》由陈天华所写，唤醒了人民的报国情怀；《中国同盟会革命方略》著于 1908 年，包括军政府宣言、军政府与各处国民军之关系、军队之编制、对外宣言等重要篇章。

8.D　答案分析：中华民国大总统是 1911 年 12 月—1928 年北洋政府时期中国国家元首的称呼。袁世凯当选为中华民国第一任大总统。1916 年 6 月 6 日袁世凯猝逝后，《中华民国约法》被废止，恢复责任内阁制，大总统为不负实际行政责任的国家元首，此制一直延续到 1924 年 11 月 24 日段祺瑞就任中华民国临时执政时为止。1916—1917 年，1922—1923 年黎元洪任大总统；1917—1918 年，冯国璋任大总统；1918—1922 年徐世昌任民国第二任大总统；此时，黎元洪复任总统；1923—1924 年，曹锟任大总统，1924 年曹锟辞职后，中华民国大总统一职由国务总理或代总理代行，因此选 D。

9.C　答案分析：中共三大的中心议题是讨论与国民党合作、建立革命统一战线的问题，三大之后，在中国共产党的推动下，孙中山先生对国民党进行了改组，确定了联俄、联共、扶助农工的三大政策，召开了国共合作的中国国民党第一次全国代表大会，第一次国共合作正式建立，因此选 C。中共一大召开标志着中国共产党的正式成立；中共二大正确地分析了中国的社会性质，在中国近代史上第一次明确地提出了彻底的反帝反封建的民主革命纲领；中共四大第一次明确提出了无产阶级在民主革命中的领导权和工农联盟问题。

10.A　答案分析：大三线最初是指西南的四川、贵州、云南，西北的陕西、青海和甘肃的大部分地区，中原的豫西、鄂西，华南的湘西、粤北、桂西北，华北的山西和冀西地区。大三线是根据当时国际形势，为巩固国防需要而提出的伟大战略决策，也为了从根本上改变旧中国工业不合理布局，因此选 A。

11.B　答案分析：麦吉多之战是世界历史上记载的第一次战役，公元前 15 世纪 70 年代，巴勒斯坦和叙利亚地区发生反埃起义。埃及国王图特摩斯三世率军前去镇压。以国王卡迭什为首的 330 名王公结成反埃同盟，并建立叙利亚、巴勒斯坦联军；图特摩斯三世作为埃及帝国的缔造者被称为“古代世界之拿破仑”，因此选 B。图特摩斯一世是古埃及第十八王朝法老，后来成为新王国时期首位控制近东地区的法老。雅赫摩斯在位时对努比亚进行了多次远征，从而恢复了埃及对该地区的传统控制，他的王朝标志着埃及史上新王国时期的开始。拉美西斯二世执政时期是埃及新王国最后的强盛年代。

12.A　答案分析：《乌尔纳姆法典》是迄今所知的世界上最早的一部成文法典，因此选 A。《汉穆拉比法典》是迄今世界上最早的一部较为完整地保存下来的成文法典；《亚述法典》是公元前 20 世纪中期西亚地区奴隶制国家亚述王国的法典；《赫梯法典》是赫梯人所遵循的重要行为准则，是认识赫梯国家社会经济和法律文化的一篇重要文献。

13.D　答案分析：《沉思录》由古罗马唯一一位哲学家皇帝马可·奥勒略所著，是斯多葛派哲学的一个里程碑，因此选 D。图拉真在位期间将罗马帝国的疆域扩张到历史上最大范围；哈德良在位期间，停止了东方战争，又在不列颠岛北部建造了横贯东西的“哈德良长城”。

14.B　答案分析：法蒂玛王朝（909—1171 年）是中世纪伊斯兰教什叶派在北非及中东建立的世袭封建王朝。因其旗帜、服饰崇尚绿色，故中国史书多称其为“绿衣大食”，因此选 B。倭马亚王朝（661—750 年）是穆斯林历史上最强盛的王朝之一；阿尤布王朝为 12—13 世纪统治埃及、叙利亚、也门的伊斯兰教王国。

15.B　答案分析：阿兹特克人是北美洲南部墨西哥人数最多的一支印第安人，其中心在墨西哥的特诺奇，最先居住在墨西哥西部的海岛上，传说曾得到神谕，11 世纪开始迁移，因此选 B。玛雅人是古代印第安人的一支，是美洲唯一留下文字记录的民族，他们构成了多样的美洲土著人民族，生活在墨西哥南部和中美洲北部；印加人是南美洲古代印第安人，中心在秘鲁的库斯科城；托尔托克人一支是 10 世纪左右统治墨西哥中部地区的民族。

16.B　答案分析：书名中的“双城”指的是巴黎与伦敦。《双城记》是英国作家查尔斯 · 狄更斯所著的一部以法国大革命为背景的长篇历史小说，因此选 B。

17.D　答案分析：海地有“黑人共和国”之称，1791 年，拉丁美洲民族独立战争首先在海地爆发，主要领导人为杜桑 · 卢维杜尔。1804 年 1 月，海地摆脱法国殖民统治，宣告独立，它也是建立第一个黑人共和国的国家，因此选 D。秘鲁、墨西哥均是美洲大陆印第安人古老文明中心；智利曾沦为西班牙殖民地，1818 年独立，成立智利共和国。

18.B　答案分析：《济物浦条约》是指 1882 年 8 月 30 日，朝鲜与日本在济物浦（仁川）签订的不平等条约。该条约不仅使日本获得了朝鲜的巨额赔款，更规定了日本在朝鲜的驻军权，进一步扩大了日本的侵略势力，加剧了朝鲜半岛的危机，因此选 B。《乙巳保护条约》剥夺了韩国的外交权，日本根据该条约设置韩国统监府以控制韩国，标志着韩国变成日本事实上的殖民地；《日韩合并条约》的签订是朝鲜半岛历史乃至世界历史上的重要事件，它标志着大韩帝国的灭亡，并开启了日本对朝鲜半岛长达 36 年的殖民统治；《江华条约》是朝鲜同资本主义国家签订的第一个不平等条约。

19.D　答案分析：《西方的没落》是著名史学家斯宾格勒 20 世纪初创作的一部史学巨著，素有“历史博物馆”之称，因此选 D。《封建社会》由法国年鉴学派的奠基人之一马克 · 布洛赫所写；《历史研究》的作者是英国学者阿诺德 · 约瑟夫 · 汤因比；《历史哲学》由牟宗三所著。

20.A　答案分析：克隆羊多莉于 1996 年出生于英国罗斯林研究院，是世界上第一只用已经分化的成熟的体细胞（乳腺细胞）克隆出的羊，因此选 A。

二、名词解释

21. **土断**：东晋南朝处置北来流民的措施。（2 分）东晋时期侨置州、郡、县，安置从北方南下的流民，免其赋役。东晋及南朝政府多次下令整顿户籍，以现居住地为依据，将侨居者编入所在郡、县，并承担赋役。（6 分）土断加速了流民的土著化。（2 分）

22. **广学会**：19 世纪晚期英美等国人士在上海创办的出版机构。（3 分）宗旨为在中国传播基督教和西国之学。编译出版宗教、政治、科技类书籍，发行《万国公报》，在晚清知识界颇具影响。（7 分）

23. **济南惨案**：1928 年 5 月，日军在济南屠杀中国军民的惨案。（3 分）日本为阻止中国统一，派兵开进济南，制造事端，攻击北伐的国民革命军，残杀中国交涉代表蔡公时等人。中国军民死伤数千人。蒋介石下令军队退出济南，绕道北上。（7 分）

24. **七千人大会**：1962 年中共中央在北京召开扩大的中央工作会议，各级领导干部七千余人参加。（3 分）会议总结了“大跃进”以来的经验教训，把国民经济调整作为主要任务，促进了国民经济的恢复，但未从指导思想上根本清除“左”倾错误。（7 分）

25. **路卡会议（卢卡会议）**：公元前 56 年，恺撒、庞培和克拉苏在路卡举行的会议。（4 分）商定由三人先后担任罗马执政官，卸任后任高卢、叙利亚和西班牙行省总督。会议具有公开结盟的性质，暂时弥合了“前三头”之间的政治裂隙。（7 分）

26. **北方战争**：1700—1721 年俄国为争夺波罗的海出海口而发动的对瑞典的战争。（3 分）战争初期俄军失利，后在海战中取胜，并登陆瑞典，获得波罗的海东岸大片地区和出海口。（5 分）瑞典丧失对波罗的海的控制权。（2 分）

27. **罗莎·卢森堡**：德国社会民主工党和第二国际左派女领袖，德国共产党创始人之一。（3 分）批评第二国际，一战期间积极反战；支持十月革命，但对布尔什维克也有所批评；投身德国十一月革命，1919 年被德国临时政府杀害。（7 分）

28. **水门事件**：1972 年，美国总统尼克松的竞选班子派人潜入华盛顿水门大厦民主党总部，安装窃听器，引发政治丑闻。（5 分）事发后，民主党提起诉讼；尼克松掩盖事实真相，面临国会弹劾，被迫辞职。（5 分）

三、史料分析题

29.（1）條貫：条例、制度规定。（2 分）臺諫：御史台与谏院。（2 分）政府奏無法：中书门下（宰相机构）奏称没有法令依据。（2 分）凡事必與大臣僉議：所有事务必须和大臣们一起商议。（2 分）有司：有关机构。（2 分）

（2）特点：宋代制度相对严密，甚至对皇权的行使也有规范；皇帝大体上能够遵守制度，注意不干扰官员按制度办事；官员们能够按制度规定运作，甚至可以拒绝皇帝意旨。（12 分）

认识：领导者率先遵守是制度运行的保证；制度烦琐，也会一定程度降低行政效率。（8 分）

30.（1）19 世纪晚期至 20 世纪初，资本主义发展进入帝国主义阶段，争夺殖民地和欧洲霸权的斗争加剧，两大军事集团逐步形成，区域性战争屡屡发生，大国之间的矛盾难以调和，终于引发了世界大战。（14 分）

1914—1918 年的第一次世界大战。（4 分）

（2）德意志、俄国、奥地利－匈牙利和奥斯曼帝国等君主制政府均因战争而垮台。（8 分）

1917 年的俄国十月社会主义革命的成功。（4 分）

四、论述题

31. 政治：历经笈多王朝和戒日帝国（也称曷利沙帝国）。外族入侵和地方藩国割据为常态，统一的政治局面难以长久。种姓制度进一步演变，出现“阇提”。（10 分）

经济：村社农民对僧俗贵族的人身依附关系确立，逐步形成封建制度。戒日帝国时期，国王、僧俗贵族广占村社土地及农户。农民须缴纳地租、赋税和服劳役。经济有所发展，对外贸易扩大。（10 分）

文化：笈多王朝时期，产生剧作家迦梨陀娑、戏剧《沙恭达罗》等，以及阿旃陀石窟等宗教建筑艺术。戒日帝国时期，那烂陀寺成为文化交流的中心，佛教更广泛地向南亚次大陆以外地区传布。印度教兴起。（10 分）

论述组织。（10 分）

32. 背景：明晚期顾炎武等开始将学术考据与经世致用精神结合，反对理学空谈义理。清乾嘉时期标榜汉学，考订、注释、辑佚传统文献典籍成为学术风尚。清朝实行文化专制，多数士人放弃“经世”追求，转向单纯文献考据。社会长期稳定，江南经济发展。大型丛书、类书的编纂对文献整理提出需求。（15 分）

成就：乾嘉史学考究传统史学文本，考订、纠正文字与史实歧误，辨明地理、制度，辑录散佚的典籍文献，对古籍和史料的整理有较大贡献。代表性成果有钱大昕的《廿二史考异》、王鸣盛的《十七史商榷》、赵翼的《廿二史劄记》等。（15分）

论述组织。（10分）

33. 苏联与日本：日本在东亚的侵略与扩张危害苏联利益。《德日反共产国际协定》签订后，苏日矛盾激化，日军先后两次对苏联挑起边境冲突。1941年《苏日中立条约》签订，苏联承认伪满洲国，日本承认苏联实际控制外蒙，苏联得以将其远东的大量军队调往欧洲战场。1945年苏联根据雅尔塔协定对日宣战。（15分）

苏联与中国：中苏在对抗日本侵略方面有共同利益。苏联对国共合作抗日起了一定促进作用。全面抗战爆发后《中苏互不侵犯条约》签订，苏联向中国提供军备等援助，派出军事顾问与空军志愿队。苏德战争爆发后，苏联基本停止对华军事援助。1945年8月，苏联出兵中国东北，消灭日本关东军，缩短抗战进程，但《中苏友好同盟条约》有损中国主权。（15分）

论述组织。（10分）

2018年全国硕士研究生招生考试
历史学基础试题参考答案

一、单项选择题

（一）答案速查

1	2	3	4	5	6	7	8	9	10
D	C	A	C	A	A	D	B	D	A
11	12	13	14	15	16	17	18	19	20
D	A	A	D	C	A	B	C	D	A

（二）答案精解

1.D　答案分析：山顶洞人属晚期智人，因发现于北京市周口店龙骨山北京人遗址顶部的山顶洞而得名，他们的模样与现代人基本相同，与今中国人渊源更为直接，因此选D。元谋人，因发现地点在云南元谋县上那蚌村西北小山岗上，定名为“元谋直立人”；1929年在北京周口店的龙骨山上的山洞里，中国考古工作者发现了一个完整的远古人类头盖骨化石，这就是名震世界的北京人，中国北方的早期智人化石之一；丁村人是中国北方早期智人。

2.C　答案分析：周昭王继位后，欲继承成康事业，继续扩大周的疆域，从昭王十六年开始，向江汉扩张，亲率大军南征荆楚，因此选C。周成王亲政后，曾命周公东征，加强了西周王朝的统治；周穆王进行了西征；周宣王时期出现了宣王中兴。

3.A　答案分析：道统指的是儒家传道的脉络和系统。孟子认为孔子的学说是承接尧、舜、禹、汤、周文王等先代圣王的，并且自命继承了孔子思想的正统，因此选A。

4.C　答案分析：雕版印刷术发明于唐朝，并在唐朝中后期开始普遍使用。宋代虽然发明了活字印刷术，但是普遍使用的仍然是雕版印刷术，因此选C。泥活字印刷术为庆历年间（1041—1048年）平民毕昇所发明；元大德二年（1298 年），农学家及活版印刷术改进者王祯，曾用木活字印制《旌德县志》，自元至明清各代，木活字流行很广；中国铜活字流行于 15 世纪末至 16 世纪的南方。

5.A　答案分析：清代确立了“苏绣、湘绣、粤绣、蜀绣”为中国四大名绣，因此选 A。汴绣，中国传统刺绣工艺之一，素有“国宝”之称。

6.A　答案分析：《四洲志》是由林则徐主持编译的一部世界地理著作，成书于清朝末年，《海国图志》是魏源以《四洲志》为基础成书，也是一部介绍西方国家的科学技术和世界地理历史知识的综合性图书，因此选 A。《瀛环志略》属世界地理志，成书于道光二十九年（1849 年），作者是清朝的徐继畬；《中西纪事》记载鸦片战争前后至咸丰末年中外关系的史事；《各国革命史略》，民国十三年（1924 年）由邵元冲讲演，袁同畴笔述成集，是黄埔军校第一期学员的思想政治教材之一。

7.D　答案分析：1860 年 10 月清政府同英法在北京签订《北京条约》。主要内容是：准许英法招募华工出国；承认《天津条约》完全有效；增开天津为商埠；割让九龙司地方给英国；退还以前没收的天主教堂资产，法国传教士在各省租买田地，建造自便；赔款英法军费各增至 800 万两，恤金英国 50 万两，法国 20 万两，因此选 D。其他条约没有招募华工出国这一规定。

8.B　答案分析：罗振玉（号雪堂）、王国维（号观堂）、董作宾（号彦堂）、郭沫若（号鼎堂）被学界誉为“甲骨四堂”，因此选 B。顾颉刚是古史辨学派创始人；孙诒让与俞樾、黄以周合称清末三先生，有“晚清经学后殿”“朴学大师”之誉，其著作《温州经籍志》被誉为“近世汇志一郡艺文之祖”；陈垣与陈寅恪并称为“史学二陈”，二陈又与吕思勉、钱穆并称为“史学四大家”；王懿荣是中国近代金石学家、鉴赏家和书法家，为发现和收藏甲骨文第一人；吴其昌师从王国维治甲骨文、金文及古史，从梁启超治文化学术史及宋史。

9.D　答案分析：陈望道是《共产党宣言》中文全译本首译者，曾积极提倡新文化运动，任《新青年》编辑，因此选 D。

10.A　答案分析：1949 年《共同纲领》提出实行义务兵役制，到 1957 年基本实现由志愿兵役制向义务兵役制的转变，中国历史上第一次实行现代意义上的义务兵役制，因此选 A。

11.D　答案分析：第一中间时期（前 2040—前 1786 年）是古埃及历史古王国时期和中王国时期之间的大约 100 年的历史时期。古王国约在公元前 2181 年终结，之后便进入了混乱动荡的第一中间期，《聂非尔列胡预言》反映了当时的动荡局面，因此选 D。纸草文书约公元前 30 世纪开始被广泛使用，最早被发现于意大利。

12.A　答案分析：线形文字 B 被释读后，得知其绝大多数是记录王宫库藏和各地贡物的经济文书。这为确定迈锡尼文明的民族属性、了解其社会经济状况和国家机构职能提供了重要依据，因此选 A。

13.A　答案分析：布匿战争发生于公元前 264—前 146 年，是古罗马和古迦太基之间进行的三次战争。公元前 241 年 3 月，罗马取得第一次布匿战争的胜利，并掌握了地中海西部的制海权，因此选 A。马其顿战争最终以罗马控制马其顿王国而告终；叙利亚战争（安条克战争，前 192 年—前 188 年）使塞琉古帝国失去托罗斯山脉以西的领地，也使罗马的政治霸权得以扩张到地中海东部；萨莫奈战争中罗马击败了意大利半岛中南部地区最强大的萨莫奈人，夺取了富庶的坎佩利亚平原。

14.D　答案分析：香槟集市是 12—14 世纪形成于法兰西香槟伯爵领地上的跨国界集市贸易中心，成为欧洲商业中心之一，是当时欧洲规模最大的国际性集市贸易，因此选 D。自 1097 年以来，圣保罗区就是威尼斯的主要集市；汉堡集市和普通集市一样；波士顿集市在波士顿附近。

15.C　答案分析：德里苏丹国（1206—1526 年）时期印度的官方语言是阿拉伯语，因此选 C。梵语是印欧语系印度语族的一种语言，是印欧语系最古老的语言之一，同时对汉藏语系有很大的影响；印地语在 1965 年 1 月 26 日成为印度中央政府的官方语言。

16.A　答案分析：马克・布洛赫是法国年鉴学派的奠基人之一，其著作《封建社会》被著名史学家波斯坦称为"论述封建主义的国际水准的著作"，至今仍被公认为有关封建社会研究的经典和集大成者，因此选 A。《圣路易》《中世纪文明》《中世纪的知识分子》均是法国著名历史学家雅克・勒高夫的著作；其中《中世纪的知识分子》1950 年出版后曾在西欧引起强烈反响，引发了史学界研究知识分子问题的热潮。

17.B　答案分析：开明君主制由欧洲启蒙运动思想家所提倡，在思想上否定君权神授，认为人民应该服从君王命令或法律而并非君王本身。代表人物有普鲁士王国国王腓特烈二世、神圣罗马帝国皇帝约瑟夫二世和俄罗斯帝国女皇叶卡捷琳娜二世等。叶卡捷琳娜二世（1729—1796 年），后世尊称其为叶卡捷琳娜大帝，是俄罗斯历史上唯一一位被冠以"大帝"之名的女皇，她主张开明专制、倡导法律面前人人平等，因此选 B。尼古拉二世是俄罗斯罗曼诺夫王朝末代沙皇（1894 年 11 月—1917 年 3 月在位）；亚历山大一世（1777 年 12 月—1825 年 12 月）由于在拿破仑战争中组建反法同盟，击败法兰西第一帝国皇帝拿破仑一世，复兴欧洲王室，从而被欧洲各国人民尊称为"欧洲的救世主"；彼得一世（1672 年 6 月—1725 年 2 月）在位期间加强封建专制的中央集权，被枢密院封为"大帝"和"祖国之父"。

18.C　答案分析：1848 年，为争取妇女选举权而斗争的有伊丽莎白・斯坦顿、卢克雷西亚・莫特、苏珊・安东尼、露西・斯通及在州政府和联邦政府工作的男女平等主义者，经过长期努力，美国宪法第 19 条修正案（1920 年）终于批准了全国范围内的妇女选举权，因此选 C。

19.D　答案分析：海德格尔是 20 世纪存在主义哲学的创始人和主要代表。雅斯贝尔斯是德国存在主义哲学家，他强调每个人存在的独特和自由性，曾提出一个著名的命题"轴心时代"，因此选 D。罗素是分析哲学的主要创始人；维特根斯坦主要研究数学哲学、精神哲学和语言哲学等，他曾经师从英国著名作家、哲学家罗素；叔本华是德国唯意志论哲学的创始人，是意志主义的主要代表之一。

20.A　答案分析：大多数非洲国家在独立以后都受到殖民国家的影响，沿用资本主义制度，个别国家走社会主义的道路，但是因为独立之前的非洲国家既没有经济基础又没有较好的民主政治传统，所以几乎都出现过独裁的现象。目前大多数还是资本主义国家，采用市场经济体制，因此选 A。

二、名词解释

21. **《大唐西域记》**：记述唐朝僧人玄奘西行天竺所见所闻的著作。（3 分）记录了游历各国的地理、宗教、物产、习俗等内容，是研究当时中国西北地区以及中亚、南亚相关国家历史的重要典籍。（7 分）

22. **江南制造总局**：洋务运动初期李鸿章在上海创办的新式军工企业。（3 分）引进外国机器，制造武器、轮船等；并设有翻译馆等文化教育机构。（5 分）在中国早期近代化进程中有重要地位。（2 分）

23. **新生活运动**：1934 年国民党政权开展的加强思想控制的运动。（3 分）以"礼义廉耻"为号召，从改造国民日常生活入手，使"国民生活军事化、生产化、艺术化"，企图抗拒共产主义的影响，但收效甚微。（7 分）

24.《八一宣言》：即1935年中共发表的《为抗日救国告全体同胞书》。（2分）由中共驻共产国际代表团草拟，呼吁全国各党派、军队等停止内战，组织统一的国防政府和抗日联军，为抗日救国而奋斗。（6分）推动了全国抗日救亡运动的高涨。（2分）

25. **君士坦丁大帝**：古罗马帝国皇帝，在位期间把罗马帝国的首都从罗马迁至拜占庭。（3分）313年，颁布《米兰敕令》，承认基督教合法。其统治时期是西方文明从古典向中世纪基督教文明过渡的关键时期。（7分）

26. **参觐交代**：日本江户幕府为控制大名而命其定期觐见将军的制度。（4分）始于17世纪初，规定大名每隔一年分别在江户和本领地轮住，留住在本领地时其妻儿在江户为人质。明治维新前该制度已废弛。（6分）

27. **考迪罗主义**："考迪罗"原指军事首领，后泛指独裁者。（3分）拉美国家独立后，统治者普遍对内实行暴力统治，对外穷兵黩武，被称为"考迪罗主义"。（5分）这种体制致使拉美国家长期处于动荡状态。（2分）

28. **《非统组织宪章》**：1963年由非洲国家领导人签署通过的政治行动纲领。（3分）以泛非主义为基础，捍卫各国主权和领土完整，促进国际合作；主张各国间主权平等、互不干涉内政。（5分）为非统组织成立和非洲经济发展作出了贡献。（2分）

三、史料分析题

29.（1）魏收撰写《魏书》，因北魏政权源出边地少数民族，受到中原政权歧视，于是自我标榜，将北魏描述成周、汉一样的文明国度，将南方的东晋南朝华夏政权说成是蛮夷之国。（6分）

史书的作用，是记录历史上的功过，扬善抑恶，使好的东西永远被人称颂学习，坏的东西永远受到唾弃。（6分）

（2）政权对立，各政权的史书往往抬高自己，贬低敌国；（5分）门阀盛行，前朝名流的后代在后世修史时仍官高位显，影响史书记录；（5分）政权更替频繁，更替之际的史实不免有隐晦歪曲；（5分）一些史官违背了实录的著史原则。（3分）

30.（1）北方取得南北战争的胜利，南方奴隶主受到打击；（6分）内战结束后进行的南方重建，颁布了一系列宪法修正案，废除了奴隶制，赋予黑人公民权及投票权。（6分）

（2）形成原因：种族歧视根深蒂固；重建结束后，南方保守势力重新控制权力。（6分）

废除原因：百余年来争取民族平等的斗争持续不断；20世纪60年代民权运动高涨；参与越战，国内矛盾逐步激化；冷战背景下为维护国家形象的需要。（12分）

四、论述题

31. 结束了唐末以来数百年的分裂割据与各民族政权并立的局面，重新建立了统一的多民族国家，开创中国历史长期大一统的新局面。（8分）

确立了以行省制为一级地方行政机构的全国行政区划；其中辽阳行省、岭北行省、云南行省的设置加强了对边疆地区的管理；宣政院的设立，使西藏地区开始纳入中央政府的直接管辖；深化了中原农耕文化与草原游牧文化的交融。（16分）

陆上丝绸之路畅通，海上丝绸之路繁荣，推动和深化了中外文化交流。（6分）

论述组织。（10分）

32. 拜占庭帝国以希腊语为官方语言，保存了希腊语历史文献及《查士丁尼法典》等古罗马法律

文献；拜占庭帝国灭亡后，流亡到欧洲的拜占庭学者成为复兴西方古典文化的重要力量。（10分）

阿拉伯帝国的“百年翻译运动”将西方古典哲学、法律、医学和自然科学等文献译为阿拉伯文，产生了科尔多瓦、巴格达等传播古典文化的中心城市。伊比利亚半岛成为传播西方古典文化的基地。（10分）

中世纪时期，古代典籍经由西欧修道院修士的抄写得以存续。基督教和犹太教学者将希腊文和阿拉伯文的西方古典文献译为拉丁文，西班牙、意大利的一些地区成为古典文化传播中心。12世纪，罗马法在西欧复兴，人文主义思想逐步产生。（10分）

论述组织。（10分）

33. 争斗：英、法在欧洲霸权和殖民地等问题上的对抗和争夺暂时缓和，但在控制伊斯坦布尔等问题上与俄国进行激烈争夺。1853年俄国与土耳其开战，后英、法对俄宣战，俄国战败，交战双方签订和约，俄国国际地位衰落。（12分）

勾结：1856年英、法为扩大在华权益发动第二次鸦片战争，组成英法联军攻占广州，两次北上，攻入天津大沽口，1860年攻入北京；迫使清廷签订中英、中法《天津条约》以及中英、中法《北京条约》。沙俄与英、法联合侵华，为英、法出谋划策，壮大声势，借口“调停”，对清廷诱骗、恐吓，迫使清朝签订《瑷珲条约》、中俄《北京条约》，吞并100多万平方千米中国领土。（18分）

论述组织。（10分）

2019年全国硕士研究生招生考试
历史学基础试题参考答案

一、单项选择题

（一）答案速查

1	2	3	4	5	6	7	8	9	10
B	A	B	D	C	A	D	A	C	D
11	12	13	14	15	16	17	18	19	20
D	B	A	A	B	C	A	C	B	D

（二）答案精解

1.B　答案分析：陕西长安普渡村遗址位于西周（前1046—前771年）王朝都城丰镐遗址的范围内，从公元前12世纪周文王建丰邑，武王作镐京，到前770年犬戎攻破镐京，西周灭亡，350年间，丰镐一直是西周王朝政治、经济、文化中心，因此选B。四川广汉三星堆古遗址是迄今在西南地区发现的范围最大、延续时间最长、文化内涵最丰富的古蜀文化遗址；河南安阳殷墟是中国商朝后期都城遗址；山西襄汾陶寺遗址经年代学探讨，绝对年代为公元前2300年至1900年之间，其遗址对复原中国新石器时代晚期的社会性质、国家产生的历史及探索夏文化，都具有重要的学术价值。

2.A　答案分析：府兵制由西魏权臣宇文泰建于大统年间（535—551年），历北周、隋至唐初期而日趋完备，唐太宗时期达到鼎盛，唐玄宗天宝年间（742—756年）停废，历时约二百年。宇文泰掌权期间，对内创府兵制，对外立足关陇、争战东魏、蚕食南梁，奠定了其身后关陇一统天下及隋唐王朝强盛的基础。因此选 A。544 年，苏绰任度支尚书，发明了计帐、户籍之法，在唐朝随着均田和租庸调制度的破坏，到唐德宗建中元年（780 年）实行两税法以后，主要以人口变化为内容的计帐就废弛了；西魏恭帝三年（556 年）正月，宇文泰推出了一套由苏绰、卢辩仿《周礼》设立的六官之制；宇文泰推行改用鲜卑姓氏，而杨坚当权后，曾大规模恢复汉姓。

3.B　答案分析：孔颖达入唐，曾奉唐太宗命编纂《五经正义》，此书于唐高宗时成书，完成了五经内容上的统一，以作为科举考试的标准教科书，因此选 B。《白虎通义》由班固等人根据汉章帝建初四年（79 年）经学辩论的结果撰集而成；《四书章句集注》为宋代朱熹最有代表性的著作之一；《十三经注疏》冠列于为经部之首，是清代由阮元主持校刻的十三部儒家经典注疏的汇编。

4.D　答案分析：关学是萌芽于北宋庆历之际的儒家学者申颜、侯可，至张载而正式创立的一个理学学派。因其实际创始人张载是关中人，故称“关学”，又因张载世称“横渠先生”而被称为“横渠之学”，因此选 D。广义上蜀学是指两宋时期包括三苏、周程及其在蜀后学，加上张栻、度正、魏了翁等著名理学人物，融合蜀洛、贯通三教，而以宋代新儒学为主的巴蜀地区的学术；洛学是北宋洛阳以程颢、程颐兄弟为首的学派；朱熹因在福建讲学，弟子多为福建人，其学派世称“闽学”。

5.C　答案分析：“一条鞭法”是明代嘉靖时期确立的赋税及徭役制度，由桂萼在嘉靖九年（1530 年）提出，之后张居正于万历九年（1581 年）推广到全国，因此选 C。

6.A　答案分析：《资政新篇》具有鲜明的资本主义色彩，是近代中国的先进人士最早提出的发展资本主义的近代化纲领，集中反映了当时先进的中国人向西方寻找真理和探索救国救民道路的迫切愿望，因此选 A。

7.D　答案分析：“洋人的朝廷”是指被洋人掌握大权，有“义务”镇压人民反抗外国侵略，揭示出清政府已沦为列强统治中国的工具，体现清政府的本质，因此选 D。其余选项虽是条约内容，但未揭示本质。

8.A　答案分析：1917 年十月革命诞生的俄国苏维埃政权，为了打破帝国主义对苏联的封锁，支持中国人民的反帝斗争，于 1919 年 7 月 25 日发表《苏俄第一次对华宣言》，其中帝俄政府在中国东北以及别处用侵略手段取得的土地一律放弃等内容，对中国从帝国主义的压迫下解放出来，无疑具有鼓舞和支持的意义，因此选 A。巴黎和会于 1919 年 1 月 18 日召开；1921 年，中国共产党成立，中心工作是组织工人阶级，领导工人运动，自此，中共大力开展工人运动；1920 年 3 月，李大钊在北京大学发起组织马克思学说研究会，10 月，在李大钊发起下，北京共产主义小组建立。

9.C　答案分析：国民党军队在全面进攻失败后，对陕甘宁解放区和山东解放区实行重点进攻。1947 年 3 月，国民党调集大军进攻陕北解放区，1947 年 4 月，国民党军开始对山东解放区进行重点进攻，因此选 C。

10.D　答案分析：1950 年，人民政府开始的合理调整资本主义工商业，其实质就是通过改善公私关系、劳资关系和产销关系，允许私营工商业的存在，在社会主义国营经济的领导下，逐步把私营工商业纳入国家资本主义的轨道，把私营经济纳入计划经济的轨道，因此选 D。

11.D　答案分析：亚历山大帝国（前 336—前 323 年）是对亚历山大大帝时期的马其顿王国的称呼，由著名的征服者亚历山大大帝开创，是历史上继波斯阿契美尼德王朝之后第二个地跨欧亚非三洲的帝国，因此选 D。波斯帝国又称阿契美尼德王朝（前 553 年—前 330 年），是居鲁士二世所建政权；罗马帝国（前 27—1453 年）是古罗马文明的一个阶段；亚述帝国（前 935—前 612 年）兴起于美索不达米亚。

12.B 答案分析：公元前 6 至前 4 世纪是南亚次大陆的列国时代。到公元前 4 世纪后期，列国为摩揭陀所统一。又因为佛教产生于此时，故在史学上亦称为“早期佛教时代”。伴随着古印度列国时代的社会动荡，社会生产力的发展，印度各种新思潮和新宗教雨后春笋般产生了；中国春秋战国时期出现了百家争鸣，思想文化空前繁荣，因此选 B。秦统一六国以后才建立了专制主义中央集权制度；佛教在东汉时期传入中国；中国古代海外贸易的最早记录出现在西汉。

13.A 答案分析：尼西亚会议是基督教会史上在小亚细亚北部尼西亚城召开的两次世界性主教会议。324 年，君士坦丁统一罗马帝国后，继续支持和扶植已传遍帝国全境的基督教，召开约有 300 名主教参加的会议，解决一些长期陷于纷争的神学和教会体制问题；以使基督教教义规范化，并有助于巩固帝国统一，标志着教会与帝国政权合流，因此选 A。沃姆斯会议是 1521 年神圣罗马帝国皇帝查理五世在沃姆斯召开的会议，主要讨论处理马丁·路德的问题；拉特兰会议是 12—18 世纪天主教会在拉特兰大殿举行的 5 次主教特别会议。

14.A 答案分析：马木路克王朝（1250—1517 年）是埃及历史上一个伊克塔制封建制的国家，它曾大力推动对外贸易，沟通了欧洲与印度洋沿岸、东南亚、中国等的往来，因此选 A。阿尤布王朝为 12—13 世纪统治埃及、叙利亚、也门的伊斯兰教王国；法蒂玛王朝统治时间为 990—1171 年；图伦王朝统治时间为 868—905 年。

15.B 答案分析：梵蒂冈宫是世界天主教的中枢。宫内有举世闻名的西斯廷教堂，过去一直是教皇私人用的经堂。《雅典学院》是意大利文艺复兴时期艺术大师拉斐尔的作品，以古希腊哲学家柏拉图创办雅典学院为题材，因此选 B。《创世纪》描绘了上帝创造世界的过程；《末日的审判》是《创世纪》天顶画的继续和发展，描绘世界末日来临时的情景；《教义论争》描绘圣礼仪式上的各代教皇和高级僧侣。

16.C 答案分析：第一次工业革命完成的标志是机器制造业的建立，因此选 C。第一次工业革命开始是以蒸汽机作为动力机被广泛使用为标志的；确立了现代工厂制度；工业革命诞生于 18 世纪 60 年代的英国，首先从棉纺织业开始。

17.A 答案分析：《独立宣言》是一个伟大的历史文件，它在人类历史上，第一次以国家的名义宣布人民的权利是神圣不可侵犯的，由于它阐明了天赋人权的政治纲领，因此马克思称它是“第一个人权宣言”，因此选 A。《独立宣言》比法国的《人权宣言》早 13 年，它也标志着北美独立战争进入一个新的阶段；1862 年《解放黑人奴隶宣言》宣告了黑奴解放；1776 年，北美 13 个殖民地宣布独立，并结成松散的邦联。

18.C 答案分析：日本明治维新是为了富国强兵，避免重蹈中国的覆辙，实现民族振兴，因此选 C。A、B 均为手段；日本在明治维新以后走上了资本主义道路，同时也走上了对外侵略扩张的道路，之后的长远目标是征服世界。

19.B 答案分析：第四点计划是战后初期美国对不发达国家推行的所谓“援助”计划。1949 年 1 月 20 日杜鲁门在第二任总统就职演说中，提出美国外交的“四点行动计划”，因此选 B。“十四点”原则是 1918 年美国总统威尔逊提出的建立世界和平的纲领；马歇尔计划是第二次世界大战结束后，美国对被战争破坏的西欧各国，进行经济援助、协助重建的计划，对欧洲国家的发展和世界政治格局产生了深远影响；美国陆军部于 1942 年 6 月开始实施利用核裂变反应来研制原子弹的计划亦称曼哈顿计划。

20.D　答案分析：1993 年 11 月 1 日，《马斯特里赫特条约》正式生效，欧洲联盟正式成立，欧洲三大共同体纳入欧洲联盟，这标志着欧共体从经济实体向经济政治实体过渡，因此选 D。1951 年 4 月，法国、联邦德国、意大利、荷兰、比利时和卢森堡六国根据“舒曼计划”在巴黎签订《欧洲煤钢联营条约》，决定建立煤钢的共同市场；1957 年 3 月，六国在罗马签订了建立欧洲经济共同体与欧洲原子能共同体的两个条约，即《罗马条约》；1965 年 4 月，六国签订了《布鲁塞尔条约》，决定将欧洲煤钢共同体、欧洲原子能共同体和欧洲经济共同体统一起来，统称欧洲共同体。

二、名词解释

21. **徐光启**：明末著名学者，进士出身，官至大学士。（3 分）与来华传教士利玛窦交往，接受西方自然科学知识与技术，并著书加以介绍、推广，翻译《几何原本》等西学典籍，著有《农政全书》等。（7 分）

22. **《穿鼻草约》**：1841 年英国全权代表义律单方面公布的协议草约。（3 分）鸦片战争中，英军攻占大角、沙角炮台后，义律逼迫清朝钦差大臣琦善接受割让香港、赔偿烟价等议和条件。琦善未签字。中英政府都未承认这项草约。（7 分）

23. **五卅运动**：1925 年中国共产党领导的反帝爱国运动。（2 分）5 月 30 日，上海群众游行抗议日本资本家枪杀共产党员顾正红，遭英国巡捕枪击。中国共产党领导上海各界罢工、罢课、罢市，引发全国范围的反帝运动，推动大革命高涨。（8 分）

24. **瓦窑堡会议**：1935 年中共中央在陕北瓦窑堡召开的政治局会议。（3 分）会议批评了党内的“左”倾关门主义错误，确定了建立抗日民族统一战线的策略方针，同时强调坚持中国共产党在统一战线中的领导权。（7 分）

25. **《伯罗奔尼撒战争史》**：古希腊历史学家修昔底德所著。（3 分）记述了以雅典为首的提洛同盟与以斯巴达为首的伯罗奔尼撒同盟之间的争霸战争。（4 分）内容追求客观真实，富有批判意识，对西方史学产生了深远的影响。（3 分）

26. **重商主义**：资本原始积累时期代表商业资产阶级利益的经济思想和政策体系。（4 分）早期重商主义主张禁止货币输出，增加金银输入；晚期主张发展工业，扩大对外贸易，形成顺差，增加本国金银货币。（6 分）

27. **约翰·布朗起义**：废奴主义者约翰·布朗发动的反对黑奴制的武装暴动。（4 分）1859 年，约翰·布朗等在弗吉尼亚境内夺取军火库，释放黑奴，最终被俘遇难。该事件鼓舞了美国人民的废奴斗争。（6 分）

28. **南北对话**：自 1964 年开始，联合国定期举行的发展中国家与发达国家为调整相互间经济关系的会议。（5 分）对话有利于建立新的国际经济秩序。后由于美国等国的消极立场，对话陷于停顿。（5 分）

三、史料分析题

29.（1）斡脱及商贾、外出之人，先到居住所在地官府衙门递交申请并找担保人，由官府给予凭证，才能去他地办事。（5 分）

往来客旅、斡脱、商贾及携带财物的人，须到设有巡防弓手的村店住宿。（5 分）

（2）背景：忽必烈统治时期，随着疆域扩大，中外贸易活跃；朝廷推行惠商政策，在鼓励客商贩运的同时加强管理，特设管理斡脱的机构。（10分）

措施：对商人进行防盗及旅途安全等方面的保护；商旅出行须持官府许可证明，在要道路口和渡口等处经查验方可通行。（10分）

30.（1）鼓吹反苏情绪；主张英美等国联合起来抵制苏联“扩张”。（9分）

（2）揭露丘吉尔演说的实质是鼓吹反苏情绪；（3分）警惕英美等国挑起反苏战争的危险性；（3分）警告如挑起反苏战争必遭失败。（3分）

（3）背景：二战后，美英与苏联的战时联盟渐趋瓦解；美国、苏联力图扩张各自势力。（6分）

影响：对“冷战”格局的形成产生了一定影响，国际局势日趋紧张。（6分）

四、论述题

31.东汉尊崇儒术，一些家族累世精通儒学，官高位显，并常操控地方政府，成为世家大族。汉魏、魏晋之际，世家大族的支持成为新政权建立的重要条件，他们不断积累政治资本，获得各种特权。（10分）

曹魏以九品中正制选拔人才。后世族著姓逐渐垄断官员选拔，甚至直接以祖先官爵的高低来评定人才，出现“上品无寒门，下品无势族”的局面。（10分）

西晋颁布占田令，为培育大规模庄园式士族经济提供了便利，使之能够依靠佃客和部曲发展私人武装。至此，拥有经济实力，垄断文化资源，并在政治上持续获得特权的世家大族，正式发展成为门阀士族。（10分）

论述组织。（10分）

32.相同：国王都是最高封主；王权的发展与罗马天主教廷及封建诸侯的斗争交织在一起；国家权力分散，政治分裂；王权的发展为民族国家的形成奠定了基础。（10分）

不同：诺曼征服后，英国王室领地远超其他封臣，封臣难以合力对抗国王，王权强大，后通过改革，进一步削弱地方封建主的权力；13世纪，市民和封建主联合对抗王权，《大宪章》等意在限制王权。（10分）

法国王权起初弱小，后通过王位世袭、联姻、战争和城市结盟等途径扩大国王领地和权力，打击地方封建主；通过打击天主教廷势力削弱教权对王权的干预；设立国王法庭等提高国王在民众中的威望，使王权稳步强化。（10分）

论述组织。（10分）

33.背景：20世纪60—70年代，美国深陷越战泥潭，国内危机严重，在与苏联争霸中优势下降；中国恢复在联合国合法席位，美国封锁、孤立中国的政策日益破产；中苏关系恶化；中美寻求改善两国关系。（10分）

过程：尼克松着手改善对华关系，中国以“乒乓外交”等积极回应；基辛格秘密访华；1972年尼克松访华，中美发表《联合公报》，承认一个中国原则；1979年中美正式建交。（10分）

影响：改善中美关系，有利于美国从越战中脱身，为中国改革开放提供有利国际环境；推动日本及大批西方国家与中国建交，提升中国国际地位；对世界格局产生了重要影响。（10分）

论述组织。（10分）

2020年全国硕士研究生招生考试
历史学基础试题参考答案

一、单项选择题

（一）答案速查

1	2	3	4	5	6	7	8	9	10
C	B	D	C	B	C	B	D	B	A
11	12	13	14	15	16	17	18	19	20
A	B	C	D	C	A	A	D	A	D

（二）答案精解

2020年选择题无答案解析，这是因为，2020年在历史学考研统考史上是一个特殊的年份。在此之前，2007—2019年的选择题主要考查细节知识，并无逻辑分析的环节；到了2021年，新型统考选择题得以定型，命题规律比较明确，我们也才能提供方法论层面的解题思路。而作为过渡之年，2020年的统考试题依然以细节知识为主，只有少量题目具有色彩不明显的逻辑分析味道。考生只要夯实自身基础，熟记相关内容即可得分。同时，这也是范老师对考生的一项小测试，考生可以借此评估自己的知识储备水平，检查自己在没有答案详解的情况下，是否能清晰理解每个选项的知识点细节，从而深入分析自身不足，进行有针对性的复习与提升。

倘若考生对完答案仍有不解之处，可添加范老师QQ（976907306）咨询相关问题。

二、名词解释

21. **侯景之乱**：南朝梁武帝时，侯景发动武装叛乱，一度攻入建康，夺取梁朝军政大权，自立为帝，最终被杀。（7分）对江南地区的经济、社会造成了毁灭性破坏，门阀势力更趋衰落。（3分）

22. **保路运动**：清末，绅商等为维护铁路权益而与清政府发生的斗争。（2分）1911年，清政府宣布“铁路干线收归国有”，把铁路利权出卖给列强，激起保路风潮，以四川最烈，后发展成为声势浩大的武装起义，为武昌起义提供了条件。（8分）

23. **章太炎**：中国近代著名民主革命家、思想家和学者。（2分）早年参加维新运动，转向革命后成为革命派理论家。辛亥革命后主张“革命军兴，革命党消”，曾参与讨袁和护法运动。（6分）后脱离国民党，致力于国学研究。（2分）

24. **采邑制度**：8世纪前期，法兰克王国查理·马特领导的改革。（2分）将无条件赐赠土地改变为有条件的土地分封，受封者须效忠封主，履行封臣义务和服兵役，采邑不得世袭。（6分）促进了西欧封建制度的形成与发展。（2分）

25. **都铎王朝**：15世纪末至17世纪初统治英国的专制王朝。（2分）由亨利·都铎建立，故名。结束了英国长达三十年的王位争夺战，实行专制统治，推行了一些利于资产阶级的政策。（6分）后被斯图亚特王朝取代。（2分）

26. **多洛雷斯呼声**：19世纪初期，西属拉美人民在西班牙王室倾覆之际，掀起的墨西哥民族独立运动。（4分）多洛雷斯教区的伊达尔戈率众起义，呼吁印第安人夺回被殖民者占领的土地，高呼“美

洲万岁”。（4分）标志着墨西哥独立战争的开始。（2分）

27. **莫内计划**：亦称“装备与现代化计划”，由莫内主导的法国计划部署编制。（4分）二战后西欧国家中第一个全国性计划，以发展煤、电力、钢铁、水泥等基础部门为重点，对战后法国经济的恢复和重建起到积极作用。（6分）

28. **计量史学**：运用统计学方法分析历史事实，进行历史研究。（3分）20世纪60年代兴起于美国，主要根据研究对象将资料分类，用统计图表、曲线等加以展示，从而掌握历史史实的数量和质量变化。（7分）

三、史料分析题

29.（1）官修的国史，编撰者恣意篡改事实，往往遮蔽真相，但是其叙述典章制度，记载文献，不能废弃；野史中的记载，多为作者的臆测而不真实，但是其考证历史是非，论议无所顾忌，不能废弃；家史中多阿谀溢美之词，但称颂自己家族的经历和为官的功绩，不能废弃。（14分）

（2）方法：在尽可能广泛占有资料的前提下，依时间次序编纂长编；正史材料之外，广采各类文献；即使材料之间存在矛盾，也一一列出，严密考证，去伪存真。（8分）

依据：史料因记载的主体不同，在反映客观历史时，都存在一定的相对性；研究历史，既要尽可能广泛地占有资料，还要注意分析不同史料的出处和相对价值，互相参证补充。（8分）

30.（1）民主革命时期注意区分和处理两类不同性质的矛盾，《论十大关系》使两类矛盾学说进一步具体化；苏联和东欧形势变化的影响；工作重心的转移，国内出现新的社会矛盾等；中共八大前后对社会主义建设道路的探索。（15分）

（2）创造性地阐述了社会主义社会矛盾学说，是对科学社会主义理论的重要发展；是指导全党和全国人民正确处理人民内部矛盾的纲领性文件；中共八大前后探索社会主义建设道路理论升华的集中体现；对团结全国人民建设现代化社会主义强国，具有长远的指导意义。（15分）

四、论述题

31. 内容：唐代三省为中书省、门下省、尚书省。中书省负责草拟诏令，长官为中书令；门下省负责审核、封驳诏令，长官为侍中；尚书省负责执行诏令和处理政务，正副长官为尚书令和左、右仆射包括吏、户、礼、兵、刑、工六部。唐初，三省长官的议事机构为政事堂，凡能进入政事堂议事者均视为宰相。后政事堂改称中书门下，正式成为朝廷的最高中枢机构。（18分）

意义：三省职权分工既有合作，又相互牵制和监督，从而使封建官僚机构形成完整严密的体系，提高了行政效率，加强了中央统治力量；削弱了相权，加强了皇权；该制度的确立与完备，是中国官制史上的重大变革。（12分）

论述组织。（10分）

32. 形成：公元前6世纪，释迦牟尼创立佛教。佛教的基本教义是“四谛”，反对婆罗门教和种姓制度，提倡“众生平等”，很快成为南亚主要教派之一。（10分）

传播：公元前3世纪孔雀王朝时期，阿育王召集佛教徒集结，进一步推动了佛教的经典编定和向外传播。公元1世纪贵霜帝国时期，佛教分裂为大乘佛教和小乘佛教两大派，并经中亚传播到南亚以外的地区。大乘佛教主要在东亚传播，小乘佛教则在南亚和东南亚传播。（20分）

论述组织。（10分）

33. 原因：相对论和量子力学等科学理论的出现及重大突破；军用技术迅速转为民用、石油开采

技术提高等奠定了技术和物质基础；科学技术的社会化和各国对高科技的迫切需要推动了技术创新。（10分）

表现：以原子能技术、航天技术、电子计算机技术的应用为代表，还包括人工合成材料、分子生物学和遗传工程等高新技术。（10分）

影响：推动社会生产力空前发展；促进社会经济结构和生活结构的变化；促进了各学科之间的相互渗透，新的学术与科技思潮不断涌现；各国的国际地位发生了新变化；教育的战略地位日益受到重视，出现世界性的教育改革浪潮。（10分）

论述组织。（10分）

2021年全国硕士研究生招生考试
历史学基础试题参考答案

一、单项选择题

（一）答案速查

1	2	3	4	5	6	7	8	9	10
B	C	B	D	B	D	A	C	B	C
11	12	13	14	15	16	17	18	19	20
D	A	B	D	A	B	A	C	A	A

（二）答案精解

1.B　答案分析：本题为逻辑考查类，考点是“文献与传说中的古史”。题干所揭示的主旨是，不同时期的历史学家对于中国早期历史的认识不同。司马迁将尧、舜作为真实的君主加以记载，而近代以来的历史学家多将尧、舜归入“传说时代”，体现了在不同时期，历史学家对国家、文明的标准认识不同，因此B选项正确。现今并无确切的证据证明尧、舜是否真实存在，并且材料强调的是不同时期历史学家对这一问题的看法，并未提到哪一种看法才是历史真相，选项A错误。考古发现了大量夏朝以前的文化遗存，例如龙山文化、良渚文化，选项C错误。材料强调的是不同时期历史学家对早期国家形态认识的看法，而不是司马迁所依据的文献资料，选项D错误。

2.C　答案分析：本题为细节考查类，考点是“汉武帝的统治与西汉的强盛”。西汉前期，各地豪强势力大大膨胀，他们兼并土地，横行乡里，独霸一方。汉武帝继续推行汉初以来迁徙豪强的办法，把他们迁徙到关中，置于中央政府的控制下，“内实京师，外销奸猾”，做到了“不诛而除害”，因此C选项正确。置盐官铁（即盐铁官营），是汉武帝为了扩大财政收入而进行的一场财政改革，即将冶铁、煮盐等私营权收归中央，由国家垄断经营，A选项错误。铸五铢钱同样也是汉武帝为了扩大财政收入进行的一场货币改革，将铸币权收归中央，B选项错误。什伍连坐是汉代为了加强对基层百姓的控制而实行的一种制度，D选项错误。

3.B　答案分析：本题为细节考查类，考点是“宋元时期的文化”。《通志》是南宋史学家郑樵编纂的纪传体通史，因此B选项正确。《史通》是唐代史学家刘知几撰写的史评类史书，A选项错误。《通典》是唐代史学家杜佑撰写的典制体史书，C 选项错误。《文献通考》是宋末元初史学家马端临所著的典制体通史，仿杜佑《通典》体例撰写，D 选项错误。

4.D 答案分析：本题为逻辑考查类，考点是“宋元的对外关系”。题干所揭示的主旨是，《马可·波罗行纪》的内容有真实的来源，即西方商人在中国、日本的经历，而马可·波罗将他们的讲述汇编为《马可·波罗行纪》，这些内容被记载在书中，具有一定可信性，反映了东西方之间的交往，因此 D 选项正确。题干的主旨是强调《马可·波罗行纪》有真实的来源，即西方商人在中国、日本的游历经历，这并不代表马可·波罗并未到过东方，A 选项错误。《马可·波罗行纪》中包含许多夸张且不符合中国实际的内容，夸大了东方的富庶，其内容并不完全可信，B 选项错误。《马可·波罗行纪》是长篇游记，并非纪实的文学作品，书中有大量不合实际的内容，并且题干的主旨是《马可·波罗行纪》有真实来源，并没有提到有关纪实文学的内容，C 选项错误。

5.B 答案分析：本题为细节考查类，考点是“明清时期的文化”。明末清初，商品经济的发展带来了社会风气的转变，具体表现在追求财富，冲脱礼教，张扬个性，出现了很多批判理学、具有批判精神的思想家，王艮、李贽就是其中的代表，因此 B 选项正确。明清时期的土地制度与前朝一样仍为地主土地私有制，并未发生变革，A 选项错误。明清统治者长期实行重农抑商政策，例如海禁政策，C 选项错误。明朝与清前期，中外交流的确有所增加，例如耶稣会士来华，但这种交流主要集中在科技文化领域，在经济上交流甚少，题干中所出现的现象更多是由于明清之际商品经济的发展，并非外部世界的影响，D 选项错误。

6.D 答案分析：本题为逻辑考查类，考点是“太平天国的政权和制度”。题干所揭示的主旨是，《天朝田亩制度》将土地平均分配给农民。题干中“互相搭配”“凡 16 岁以上男女”“皆可分得”“数量相同”体现了平均分配的原则，并且《天朝田亩制度》最终因过于追求平均，违背了客观规律而失败，因此 D 选项正确。《天朝田亩制度》是一个以解决土地问题为核心的土地纲领，并非追求男女平等，也未能实现男女平等，A 选项错误。太平天国的纲领性文件《百姓条例》和《天朝田亩制度》否定了地主土地私有制，B 选项错误。《天朝田亩制度》虽然追求绝对平均的理想社会，但是由于违反社会经济发展的客观规律而无法实现，最终太平天国实行“照旧交粮纳税”，表明其承认封建地主土地所有制的存在，C 选项错误。

7.A 答案分析：本题为细节考查类，考点是“中国共产党的成立”。中国共产党诞生于 1921 年，并且制定了工人运动的纲领，建立了工人运动的总机关——中国劳动组合书记部，在此后领导发动了 1922—1923 年的第一次工人运动高潮，因此 A 选项正确。第一次国共合作正式建立的标志是 1924 年召开的国民党一大，此时工人运动第一次高潮已经结束，B 选项错误。北伐战争发生在 1926—1928 年间，此时工人运动第一次高潮早已结束，并且北伐战争的主要目标是在军事上推翻三大军阀，统一中国，C 选项错误。中国国民党在 1924 年召开的国民党一大上正式确立了联俄、联共、扶助农工的三大政策，此时工人运动第一次高潮已经结束，D 选项错误。

8.C 答案分析：本题为逻辑考查类，考点是“国民革命与北伐战争”。题干所揭示的主旨是，国民党二届二中全会限制了共产党的自由发展。“名册交由国民党保存”“人数不得超过三分之一”体现了国民党对共产党自由发展的限制，这一事件史称“整理党务案”，很大程度上破坏了第一次国共合作，增强了国民党右派的势力，加深了国民党内部、国民党与共产党之间的矛盾，造成了革命统一战线的分化，因此 C 选项正确。国共第一次合作期间，国民党右派通过刺杀廖仲恺、召开西山会议、中山舰事件、整理党务案等手段不断打击中国共产党与国民党左派人士，A 选项错误。国民革命失败的标志是 1927 年汪精卫、蒋介石先后发动的四一二政变和七一五政变，B 选项错误。国民党清党开始于 1927 年四一二政变之时，D 选项错误。

9.B　答案分析：本题为逻辑考查类，考点是“社会主义改造”。题干所揭示的主旨是，在 1952—1954 年间，某农业合作社包工时间不断延长。延长包工的时间使农工拥有更长的时间来合理安排农业生产工作，因此B选项正确。1949年至1952年底的土地改革运动废除了束缚农业生产力的地主土地私有制，使农民获得了土地，极大地调动了农民的生产积极性，促进了农业的发展，A 选项错误。农业高级合作社实行集体经济模式，通过互助合作道路进行，与“包工制”无关，C 选项错误。土地改革开始于 1949 年，基本完成于 1952 年冬至 1953 年春，与题干时间不符，D 选项错误。

10.C　答案分析：本题为细节考查类，考点是“特区建设与改革开放”。改革开放进入以城市为重点的整个经济体制改革阶段后，物价上涨加快，出现了一些破坏市场、扰乱经济秩序的行为，受到中央的高度重视，为此 1988 年召开的中共十三届三中全会决定，改革和建设的重点是整顿与治理经济环境、经济秩序，因此 C 选项正确。增加固定资产投资规模与题干主旨无关，A 选项错误。中共十三届三中全会召开的目的主要是稳定经济形势，控制物价上涨，并非加快社会经济发展速度，并且改革开放以后中国社会经济发展较快，B 选项错误。1993 年召开的中共十四大提出使市场在国家宏观调控下对资源配置起基础性作用，D 选项错误。

11.D　答案分析：本题为细节考查类，考点是“古代埃及的主要王朝”。埃及新王朝时期，法老为加强王权、削弱阿蒙神祭司集团的势力采取了一系列措施，例如只准崇拜阿吞神而不准崇拜阿蒙神，题干中颂神诗的歌颂对象便是阿吞神，法老借助阿吞神的势力来抵抗阿蒙神，体现了这一时期埃及政教斗争异常尖锐，因此 D 选项正确。埃赫那吞改革的目的是加强王权、削弱阿蒙神祭司集团，并在一段时间内沉重打击了阿蒙神的势力，A 选项错误。这一时期，埃赫那吞不仅打击阿蒙神，还打击其他地方神，只准崇拜阿吞神，B 选项错误。改革受到了阿蒙神祭司贵族的激烈反抗，阿蒙神权依然掌握在阿蒙神祭司贵族集团手中，在埃赫那吞去世以后，他的继承者图坦卡蒙放弃了改革，埃赫那吞改革彻底失败，C 选项错误。

12.A　答案分析：本题为逻辑考查类，考点是“马其顿王国与希腊化时代”。题干所揭示的主旨是，西亚的帕提亚王国受到了希腊文化的影响。题干中“希腊语”“希腊文化”“希腊戏剧”体现希腊文化对帕提亚王朝的影响巨大。而亚历山大东征推动了希腊文化的传播，开启了欧亚历史上的希腊化时代，这使帕提亚王朝带有深刻的希腊文化烙印，因此 A 选项正确。罗马的对外征服使得被征服地区“罗马化”，反而削弱了该地的希腊化程度，B 选项错误。丝绸之路开辟时，帕提亚王朝已建立一个半世纪。并且，丝绸之路主要是东西方之间的交流，与帕提亚王朝的希腊化现象无关，C 选项错误。伯罗奔尼撒同盟建立于公元前 6 世纪后期，是希腊古典时期斯巴达建立的以争夺希腊海上霸权为目的的军事同盟，D 选项错误。

13.B　答案分析：本题为细节考查类，考点是“日本政治体制的变迁”。743 年，日本政府颁布《垦田永世私财法》，事实上承认了土地私有的合法性，土地私有进一步发展，这也推动了寄进地系庄园的发展和律令制的解体，因此 B 选项正确。7 世纪，日本大化改新废除了部民制，颁布《飞鸟净御原令》和《大宝律令》，建立了律令制的中央集权国家，此时日本开始成为律令制国家，A 选项错误。由于贵族享有一系列免税特权，许多庄园领主把自己的庄园土地寄进给有势力的贵族，这些贵族又把土地寄进给更有势力的摄关家贵族，此谓寄进地系庄园，10 世纪以后，寄进地系庄园才获得普遍发展，C 选项错误。确立班田收授制是大化改新的一项重要措施，D 选项错误。

14.D　答案分析：本题为细节考查类，考点是“中世纪的城市与大学”。汉萨同盟是中世纪西欧波罗的海沿岸城市组成的同盟，该同盟完全垄断了波罗的海和北海的贸易。而“经商”以及“桅杆”是商船的特征，因此 D 选项正确。克吕尼派于 10—11 世纪发起了西欧的天主教改革运动，并在运动后期推行欧洲历史上声势浩大的格里高利改革，A 选项错误。条顿骑士团是十字军东征时期由德意志骑士组成的骑士团，直接隶属于教皇，本质上是宗教性的军事组织，B 选项错误。塔波尔派是 15 世纪捷克胡司战争中的一个政治派别，主要由农民、平民、矿工和手工业者组成，属于起义的激进派，C 选项错误。

15.A　答案分析：本题为逻辑考查类，考点是“西欧主要国家的君主制度”。题干所揭示的主旨是，法国市民阶层与王权贵族的联系加强。15 世纪市民阶层经济和政治实力增强，国王与城市领主多利用市民阶层以壮大个人势力，对抗教会。法国银行家及其家族的待遇，体现了王权的社会基础发生变化，即市民阶层 / 早期资产阶级成为王权的重要社会支柱，因此 A 选项正确。题干并未提到关于封臣与封土制度的信息，并且西欧的封君封臣与封土制度于中世纪末期即 15 世纪末才走向瓦解，B 选项错误。题干没有提到关于政治权利的问题，并且西欧市民阶层在政治上限制很多，C 选项错误。题干并未提到有关国王的权力或权威，并且中世纪国王受到教会、封建领主、等级议会的多重限制，实际权威有限，D 选项错误。

16.B　答案分析：本题为细节考查类，考点是“新航路开辟与早期殖民扩张”。新航路开辟后，欧洲殖民列强奴役印第安人和黑人在美洲开辟金银矿场，美洲的白银大量进入欧洲，造成欧洲金银的贬值，引起了通货膨胀和物价上涨，因此 B 选项正确。圈地运动是西欧早期资产阶级为掠夺劳动力与生产原料而采取的措施，本质是资本原始积累的一种方式，与价格革命无关，A 选项错误。三角贸易是指 15—19 世纪的奴隶贸易，是西方殖民者掠夺非洲、开发美洲的主要手段。三角贸易与价格革命都是新航路开辟的结果，因此不能说三角贸易是价格革命的原因，C 选项错误。英国工业革命开始于 18 世纪三四十年代，而近代早期特指 15—16 世纪，并且工业革命并不是引起“价格革命”的原因，D 选项错误。

17.A　答案分析：本题为逻辑考查类，考点是“宗教改革与反宗教改革”。题干所揭示的主旨是，德国农民战争的一支农民起义军制定了具有资产阶级性质的斗争纲领。其中，只有建立起强有力的中央政府，商人的利益才有可能得到稳定的保护；统一度量衡和货币、取消苛捐杂税等措施均有利于促进资本主义经济的发展，因此 A 选项正确。题干的主体是农民起义军而不是诸侯，并且有些诸侯主张德意志统一，有些诸侯则主张维持德意志的分裂局面，B 选项错误。题干的主体是农民起义军，并未提到贵族的相关活动，并且起义军颁布的各项措施均有利于早期资产阶级的壮大和发展，在一定程度上甚至削弱了贵族的统治，C 选项错误。马丁・路德为新教诸侯效力，他对闵采尔的主张以及德国农民起义抱有敌视态度，D 选项错误。

18.C　答案分析：本题为逻辑考查类，考点是“独立后的拉美的政治与经济变化”。题干所揭示的主旨是，独立后的委内瑞拉与世界市场的联系加强。题干中委内瑞拉大量出口农产品，又大量进口工业产品，大量进出口体现了委内瑞拉与世界市场联系的加强，因此 C 选项正确。独立后，拉美国家的经济受到英美资本的渗透与殖民，并未真正独立，A 选项错误。委内瑞拉大量进口工业品说明其依赖进口工业产品，并不等于该国工业化进程中断，B 选项错误。题干指出委内瑞拉大量出售农产品，大量进口工业产品，这说明委内瑞拉依赖外国的工业，本国没有完善的工业体系，农业与工业发展的不平衡是经济畸形的表现，因此该国的进出口贸易态势较差，D 选项错误。

19.A　答案分析：本题为逻辑考查类，考点是“第一次世界大战”“殖民体系的解体与第三世界的兴起”。题干所揭示的主旨是，一战为印度寻求平等独立的地位提供机遇。该人士认为印度应当与英国并肩作战，从而赢得印度在英联邦中的合法地位，这体现了参与一战为印度自治提供机遇，因此 A 选项正确。题干并未提到有关民族革命的信息，并且印度的民族资产阶级具有软弱性，不主张暴力革命，B 选项错误。题干的主旨是印度民族资产阶级企图谋求更多的参政机会，并不是已经拥有了很多参政机会，并且这一时期参政的印度人主要是资产阶级上层精英群体，广大印度民众没有参政机会，C 选项错误。国大党成立于 1885 年，是印度民族运动的领导力量，国大党的确主张印度参战，但其目的是获得民族主权和自治，而不是忠实服务于宗主国英国，D 选项错误。

20.A　答案分析：本题为细节考查类，考点是“殖民体系的解体与第三世界的兴起”。二战后的拉美国家严格限制进口，扶持和保护国内有关工业部门，力图以国内生产来替代进口，从而扶持民族工业的发展，即采取“进口替代”的工业模式来发展经济。这种方式有利于应对发达国家的贸易顺差以及经济优势，可以促进本国经济的发展，因此 A 选项正确。独立后的拉美各国纷纷采取减少引进外资、提高关税、加强国家干预的方式来保护本国民族经济的发展，因此“引进外资”“低关税”“放松国家干预”均不利于民族经济的发展，B、C、D 选项错误。

二、史料分析题

21.（1）背景：唐末五代以来骄兵悍将问题严重；大量无业游民成为社会不安定因素；国家财政相对宽裕。（9 分）

实施办法：通过招募增加兵员；给武将以优厚待遇；逐级严密控制；兵将分离；集禁军于京师。（9 分）

（2）意见：单靠募兵不能应对与辽、西夏的战争；过度增加兵员造成财政紧张；骄兵问题仍然存在。（8 分）

应对策略：寓兵于民；推行将兵法。（4 分）

22.（1）材料一油画以艺术形式反映法德关系，可用于佐证；材料二为停战协定文本，是第一手史料；材料三是学者对历史事件的认识，有史实但也涉及作者的情感、态度、价值观，可参考使用；材料四照片以拍摄者视角反映法德关系，可作为史料。（14 分）

（2）19 世纪初，拿破仑率军攻入普鲁士，法普（德）交恶；普法战争中普鲁士击败法国完成统一，两国关系继续恶化；第一次世界大战中法德分属不同阵营，德国战败，法国力主最大限度削弱德国；第二次世界大战期间，德国占领法国；战后法德和解，两国关系逐渐走向正常化。（16 分）

三、论述题

23. 曹魏时期建立了九品中正制，在魏晋时期逐渐成为维护高门大族利益的工具。州郡中正由朝廷现任官员担任，州大中正权限极大，且不受监督，导致官员选拔由当权家族控制；中正按家世、才能、品行三个标准举士，家世即父祖官爵成为唯一的标准，保证了高官显爵子弟的仕途通畅；中正评定的人才品第，与官品九品逐渐形成一定的对应关系，被中正评为高品者起家即担任高官，反之只能担任低级官职，造成“上品无寒门，下品无势族”的局面。（30 分）

论述组织。（10 分）

24. 成就：西方古典史学开创的史学传统和范例，奠定了西方史学的基础。“历史之父”希罗多德的《历史》标志着西方史学的开端；修昔底德的《伯罗奔尼撒战争史》开创了西方政治史先河；

色诺芬的《希腊史》是古典史学的上乘之作；罗马史学奠基人伽图的《罗马史源论》是第一部用拉丁文撰写的罗马史著作；波里比阿的《通史》对希腊化时期的史学理论作出了杰出贡献；普鲁塔克的《希腊罗马名人传》是西方传记体史著的奠基之作；塔西佗的《日耳曼尼亚志》《编年史》等著作标志着古罗马史学进入鼎盛时期。（22 分）

特点：人文主义日益彰显；确立了撰写信史、追求历史真实的原则；重视道德垂训和教育功能；注重文笔的优美。（8 分）

论述组织。（10 分）

25. 三线建设前，中国工业主要分布于东北和沿海地区，布局不平衡；20 世纪 60 年代中期，按照区域经济发展水平和国防地位，把中国自东向西划分为一线、二线和三线地区；此后，三线地区进行了一大批大中型工业项目建设，并迁入一些东部大城市的工厂与人才；在中西部部署独立完整、门类齐全的工业体系。（18 分）

三线建设是为加强战备、逐步改变我国生产力布局的一次由东向西转移的战略大调整，使广大中西部地区经济面貌发生了巨大变化，有利于西部开发和区域经济均衡发展；但存在对形势估计过于严重、建设规模过大、过分强调战备需要而对经济效益有所忽视等问题。（12 分）

论述组织。（10 分）

26. 形成条件：英国长期实行的贸易保护政策，成为资本主义进一步发展的阻力，1832 年议会改革后，工业资产阶级获得参政权，为实行自由贸易政策提供了政治保障；19 世纪中叶，工业革命使英国确立“世界工厂”地位，广阔的殖民地成为其廉价原料供应地和商品倾销市场，为自由贸易政策的形成准备了市场条件；1846 年开始，英国相继废除“谷物法”“航海条例”，取消 200 多种商品的进口税，标志着自由贸易政策的形成。（20 分）

影响：起初有利于英国资本主义经济的发展，但后来降低了本国工业产品的竞争力，削弱了国内农业生产；推动世界市场形成，但摧残了亚非拉地区的民族工业。（10 分）

论述组织。（10 分）

2022 年全国硕士研究生招生考试
历史学基础试题参考答案

一、单项选择题

（一）答案速查

1	2	3	4	5	6	7	8	9	10
B	C	C	B	D	A	C	B	A	D
11	12	13	14	15	16	17	18	19	20
D	C	D	A	B	A	C	D	B	A

（二）答案精解

1.B　答案分析：本题为逻辑分析类，考点是“新石器时代的主要文化遗存”。题干所揭示的主旨是位于南方的文化遗址，因为“稻谷壳”和“稻草”只能在我国南方出现。屈家岭文化是位于长江流域的新石器时代的考古遗址，因发现于湖北省京山市屈家岭而得名，因此B选项正确。A、C、D均位于北方，其中红山文化分布于内蒙古、辽宁、河北一带，齐家文化、马家窑文化均分布于黄河中上游，在今甘肃、青海省境内。

2.C　答案分析：本题为逻辑分析类，考点是“春秋战国的改革与变法”。题干所揭示的主旨是商鞅变法中哪一项措施导致了国家赋税增加，因为“赋税平”已经很清晰地指明了变法的目的或结果。确立土地私有制之后，农民的生产积极性得到激发，从而使得赋税增加，因此C选项正确。A、D选项是商鞅变法的措施，但均不符合主旨。B选项商鞅在变法中废除了以大家庭为主体的生产方式，改为实行小家庭生产制，并没有废除以家庭为主体的生产方式。

3.C　答案分析：本题为细节考查类，考点是“魏晋南北朝时期的文化”。题干所揭示的主旨是诞生于东晋南朝且位于南方的文化现象。山水田园诗派诞生于东晋时期的江南地区，最重要的代表人物是陶渊明，因此C选项正确。佛教诞生于印度，于西汉末东汉初传入中国，其传播方向是由西到东、由北到南，主要的佛教石窟也大都分布于中国的西部和北部。玄学思潮诞生于魏晋时期的中国北方地区。书法于东汉末年逐渐成为一种艺术。

4.B　答案分析：本题为细节考查类，考点是“安史之乱与唐后期的统治”。题干所揭示的主旨是永贞革新后谁控制了北司。永贞革新即二王八司马事件，以俱文珍为首的宦官集团发动政变，废除唐顺宗，驱逐中央的改革派，掌控了朝政，事实上说来此时的宦官集团掌控了国家政权，因此B选项正确。大理寺卿主管大理寺，主要负责审理朝廷文武百官犯罪以及京城徒刑以上案件，而大理寺为“南衙”的一部分。节度使是唐代的地方官员，而题目涉及的是唐朝中央的政治制度。中书舍人在唐代是重要的中央官职之一，于中书省负责制诰，属于“南衙”的一部分。

5.D　答案分析：本题为逻辑分析类，考点是“清代疆域的奠定与多民族国家的统一”。题干所揭示的主旨是清政府在边疆治理上是如何巩固大一统的。清政府根据每一地区的具体情况采取了不同的制度，进行边疆治理。这一做法有利于巩固国家统一，因此D选项正确。清政府设立不同的制度，其中大部分是利用当地的世袭贵族进行统治，如“伯克制”“土司制”等，这是清政府利用地方贵族的势力对边疆进行间接控制。清政府对于内地的管理沿用明代制度采取了“郡县制”，对于边疆则采取了“盟旗制”“伯克制”等制度。材料涉及的是清政府对于边疆治理的问题，而不是经济布局的问题。

6.A　答案分析：本题为细节考查类，考点是“湘淮军与地方势力的崛起”。题干所揭示的主旨是早期地方武装力量的特征。在地方团练兴起的早期，这些武装力量的选人、军饷的发放，均由主要负责人一手操办，因此这些地方团练直接听命于私人而非清政府，A选项正确。如湘军、淮军等地方团练，在早期所采用的军制仿照了明朝“戚家军”的营制而非西方军制。这些新的地方军的军饷主要由带队将领亲自发放，并不依赖于中央。这些新型地方团练，在早期基本上是为平定太平天国所设，并没有掌控地方行政权力，而是替代了地方上的八旗、绿营等武装力量。

7.C　答案分析：本题为逻辑分析类，考点是“列强划分势力范围”。题干所揭示的主旨是1900年《英德扬子协定》的实质。1899年，美国政府针对中国被瓜分殆尽的情况，提出了门户开放政策，其实质是利益均沾，机会平等。而材料里英德两国“自由开放、毫无差别”的做法符合了这一政策的精神实质，因此C选项正确。材料中英德两国的做法有利于列强在华平等竞争，这种做法降低了列强之间在华争斗的程度。此时的中国正面临前所未有的民族危机，民间救亡图存的民族意识日渐高涨。此时正值八国联军侵华后，列强们正忙于扩张自身在华势力范围，并不存在在华处于主导地位的列强。

8.B　答案分析：本题为逻辑分析类，考点是“中国国民党改组与第一次国共合作”。题干所揭示的主旨是中国共产党在二大上确立的纲领的作用。在中共二大上中国共产党制定了“反帝反封”的最低纲领，这一纲领同孙中山的新三民主义大体上相同，成为国共第一次合作的基础，是建立革命统一战线的基础，因此 B 选项正确。1927 年第一次国共合作破裂后，中国共产党认识到了武装斗争夺取政权的必要性。此时中国社会的主要矛盾仍然是帝国主义列强同中华民族之间的矛盾，并不是资本主义同社会主义之间的矛盾。1927 年八七会议上，中国共产党确立了土地革命的战略方针。

9.A　答案分析：本题为细节考查类，考点是“抗日根据地的建立与发展”。题干所揭示的主旨是新旧民主主义划分的依据。由无产阶级领导的革命被称为新民主主义革命，而由资产阶级领导的革命被称为旧民主主义革命，所以划分的依据是无产阶级对于革命的领导权，A 选项正确。在 1924 年至 1927 年的“大革命”之中，中国共产党就已经提出了“中国革命是世界革命的一部分”。1940 年仍处于抗战时期，中国社会的主要矛盾仍然是中日民族矛盾。此时的中国，大量帝国主义施加给中国人民的不平等条约和普遍存在的剥削制仍然存在，地方上军阀势力仍然庞大，国民革命的基本任务还未完成。

10.D　答案分析：本题为逻辑分析类，考点是“经济建设的曲折”。题干所揭示的主旨是中央下调工业产值、精简企业的目的。由于之前在经济上犯的“左”倾错误，对国民经济产生了严重冲击，因此这些降低产值的计划是为了平衡国民经济，D 选项正确。计划经济管理体制是制度层面的问题，对其的改革是属于制度改革的范畴，材料强调的内容则是经济计划的调整，并非制度的改革。材料强调的是中央的经济计划的调整，没有涉及对于市场的管理以及对于通货膨胀问题的处理。材料也并未提及城乡关系和工农关系的调整，而是在强调工业产值的调整。

11.D　答案分析：本题为逻辑分析类，考点是“吠陀时代、婆罗门教与种姓制度”。题干所揭示的主旨是古印度早期的社会状况。材料中一家人从事的职业各不相同，“我”并没有继承“父亲”或“母亲”的职业，反而从事了其他职业，这证明此时印度尚未形成世袭职业制，因此 D 选项正确。材料并未提及种姓制度，只是阐述其家庭中各个成员的职业不同，况且诗人与医生以及磨谷的人在社会分工上并不一致。材料没有讲述不同种姓的人在社会上分别享有什么样的权利、个人的社会地位问题和因出身差异而导致的个人社会地位的差异。

12.C　答案分析：本题为逻辑分析类，考点是“古代埃及的主要王朝”。题干的主旨是废除债务奴隶制的意义。“国家需要他们服役”已经很清晰地指明了这一改革的目的。废除债务奴隶制后，大量公民从人身依附关系中解放出来，成为埃及法老补充军队兵源的重要来源之一，因此 C 选项正确。材料提及的是废除债务奴隶制，而没有涉及限制土地买卖的行为。材料并未提及对外贸易的问题，而是针对内部债务奴隶制所产生的问题。古代埃及采用的是法老专制的政教合一制度，而非民主政治。

13.D　答案分析：本题为逻辑分析类，考点是“欧亚民族大迁徙与法兰克王国”。题干所揭示的主旨是汤釜神判法的实质。材料中的审判方式是一种有违人道的酷刑行为，但在当时却被法兰克人视为由神主导的“公正行为”。由此可知在当时的法兰克，宗教思想影响了法律的公正审判，因此 D 选项正确。材料并未提及“封建领主制”这一问题，而是讲述了此时法兰克人的司法。材料并没有讲到王权与教权之间的冲突，只讲了宗教对于司法的影响。通过材料我们知道此时的时间背景是中世纪早期的欧洲，而罗马法的全面复兴发生在近代时期。

14.A　答案分析：本题为细节考查类，考点是“新航路开辟和早期殖民扩张”。题干所揭示的主旨是原产于美洲的农作物。材料中只有A选项的三种作物均产于美洲。甘薯原产于南美洲，葡萄原产于欧洲、西亚、北非，棉花原产于印度和阿拉伯。菠萝原产于美洲热带地区，胡椒原产于东南亚，小麦原产于西亚。辣椒原产于美洲，水稻原产于中国，橄榄原产于地中海地区。

15.B　答案分析：本题为逻辑分析类，考点是“文艺复兴、启蒙运动”。题干所揭示的主旨是相较于启蒙时代的思想家，文艺复兴三杰最显著的特点。在文艺复兴时期，欧洲天主教会势力仍然强大，在此背景下文艺复兴三杰只得利用教会的力量，以宗教题材的形式来表达人文主义思想，而启蒙运动时期天主教会势力衰弱，无力控制思想文化界，因此B选项正确。浪漫主义诞生于18世纪后期，是欧洲人对于理性主义的反思。文艺复兴三杰的成就主要集中于艺术领域，而启蒙时代的思想家则更侧重于描绘理想的社会制度。对财富和世俗美的追求是文艺复兴三杰和启蒙思想家所共有的特点，即强调人性的解放。

16.A　答案分析：本题为逻辑分析类，考点是“重商主义和商业战争”。题干所揭示的主旨是重商主义变化所反映的实质。无论是“少买”以保护本国贵金属储存，还是“多卖”以扩大本国贸易顺差，都是资本主义用以积累原始资本的手段，其根本目的都是保证本国资本主义的原始积累，因此A选项正确。重商主义约流行于15世纪末至17世纪中期，而工业革命诞生于18世纪末。重商主义的变化，有利于商品输出国制造业的发展和资本主义的发展，有利于自由资本主义的扩张。重商主义从限制贵金属的流出到鼓励实现贸易顺差，这一变化客观上加强了各国之间的贸易交流，有利于贵金属在全球范围内的流通。

17.C　答案分析：本题为逻辑分析类，考点是“英国资产阶级革命”。题干所揭示的主旨是相较于王党，议会军的劣势。当时在议会执政的长老派对于国王采取的是妥协的态度，他们并无推翻王权的意愿。而王党军在夺回政权的态度上更为坚决，因此C选项正确。材料中并没有说明议会和王党在经济实力上的差距，而且控制重要港口的议会一方在经济实力上应当比王党更强。材料中并未提及议会党的士兵来自哪个阶层，又来自哪里。材料中并未涉及“军费”是否充足的问题。

18.D　答案分析：本题为逻辑分析类，考点是“19世纪晚期欧美主要国家的政治与经济”。题干所揭示的主旨是南方州为何要制定“祖父条款”。南方州政府制定这一条款的目的在于以法律手段限制黑人在南方州的政治话语权，以便于进而剥夺黑人的政治权利，因此D选项正确。最高法院在美国掌握司法权，并无权决定立法，因此其无法决定黑人的政治地位。美国是联邦制国家，其内部各州都有各自的立法权和宪法。材料给出的时间是19世纪末，此时的美国已经结束了内战，并完成了对于南方各州的重建，在名义上黑人享有同白人一致的政治权利和公民资格。

19.B　答案分析：本题为细节考查类，考点是“英国对印度的殖民统治”。题干所揭示的主旨是英国对于印巴分治的根本依据。《蒙巴顿方案》是英属印度最后一任总督蒙巴顿根据英属印度境内伊斯兰教徒和印度教徒的分布所作出的划分印度和巴基斯坦的方案，其主要划分依据应当是居民的宗教信仰，因此B选项正确。A、C、D并不是《蒙巴顿方案》产生的根本因素。

20.A　答案分析：本题为逻辑分析类，考点是“殖民体系的解体与第三世界的兴起”。题干所揭示的主旨是非洲国家产生“失去发展的十年”的根本原因。非洲各国在取得独立之后，在经济上仍然高度依赖西方社会，20 世纪 70 年代，西方各国由于经济滞胀危机压低了非洲农矿产品的进口价格，抬高了工业产品的价格，造成了非洲经济衰退。因此 A 选项正确。B、C、D 并不是决定性因素。

二、史料分析题

21.（1）太学生可以免除徭役；徭役征发在冬春间进行。（8 分）

（2）政局动荡；曹魏新置太学，教师学术水平低；学生多为逃避徭役，无意于学；考试要求高且内容僵化，使有志求学之士失去热情；选官方式改变，九品中正制建立，儒学不再是主要的“利禄之途”。（14 分）

（3）玄学兴起，佛教传播，门阀体制。（8 分）

22.（1）第一次世界大战结束后，印度经济发展较快；20 世纪 30 年代受经济危机影响，经济衰退；经济依然受制于英国，民众生活水平低下。（10 分）

（2）第一次世界大战加深印英矛盾，“民族自决”思潮促进印度人民民族意识的觉醒；俄国十月革命和马克思主义的传播，推动民族解放运动；第一次世界大战后英国等列强陷于欧洲事务，有利于印度民族资本发展；1929—1933 年世界经济危机激化民族矛盾，进一步推动甘地领导的“非暴力不合作”民族运动，斗争目标由实现民族自治转为谋求独立；中国等亚洲国家的民族解放运动推动印度反帝运动。（20 分）

三、论述题

23. 变化：随着均田制的破坏，唐玄宗时府兵制崩溃，实行募兵制，由国家招募丁男当兵，供给衣食，免征赋役；唐初遇有战事，府兵与临时招募的军队相配合，设立行军元帅统兵出征，唐玄宗时在边防要地设置十节度使，招募部队长期镇守。（15 分）

影响：募兵制的推行增强了唐朝的军事实力，但也逐渐加重国家财政负担，将领长期统帅一支军队，导致兵将之间容易形成私人依附关系；节度使的设置成为影响唐朝后期统治的重要因素，节度使不仅掌握军权，还拥有一定程度的行政权和财政权，成为安史之乱和藩镇割据的重要原因。（15 分）

论述组织。（10 分）

24. 过程：①雅典：建立提洛同盟，掌握军事领导权，支配金库，积极对外扩张；斯巴达退出后领导反对波斯的战争；利用军事力量压迫同盟者，干涉其他城邦的内部事务；希波战争结束后，提洛同盟转化为雅典帝国。（10 分）②罗马：通过萨莫奈等战争征服意大利半岛；通过布匿战争征服西地中海地区；通过马其顿战争、叙利亚战争等，征服东地中海地区，建立罗马帝国。（8 分）

原因：①雅典：欺压盟邦，威信尽失，争霸失败，海军优势丧失；滥用民主，致使雅典民主政治蜕变为暴民政治，长期战争导致经济衰退。（6 分）②罗马：政体相对稳定，行政效率较高；罗马法维护公民权益，对被征服地区的政策相对温和；拥有完善的军事制度和强大的军事力量、发达的经济贸易和道路交通，内部危机爆发相对较晚。（6 分）

论述组织。（10 分）

25. 转变：从抗日反蒋转变为联蒋抗日，从打倒一切帝国主义，转变为打倒日本帝国主义；从打倒资产阶级转变为联合民族资产阶级；从实行土地革命转变为停止没收地主土地；从建立苏维埃工农共和国改为苏维埃人民共和国，再改为民主共和国；从建立下层统一战线，转变为建立抗日民族统一战线。（18 分）

意义：逐步克服“左”倾冒险主义和关门主义，制定抗日民族统一战线新策略，使党在新的历史时期掌握了政治主动权；党在遵义会议着重解决军事路线问题和组织问题之后，开始解决政治路线问题；从国情出发创造性地开展工作，丰富和发展了马克思主义。（12分）

论述组织。（10分）

26. 原因：旧殖民体系的历史影响；新的国际政治经济秩序尚未建立，发达国家在经济全球化中占据主导地位，垄断世界商品、金融和科技市场；发达国家推行贸易保护主义，掠夺和剥削发展中国家；一些发展中国家获得政治独立后，国内政局动荡，债台高筑，饥荒不断，经济处于崩溃边缘。（18分）

影响：进一步加剧世界经济发展失衡；导致不安定因素增多，造成地区间矛盾与冲突不断；发展中国家为改变差距，积极谋求对话与合作，对国际政治经济格局产生重要影响。（12分）

论述组织。（10分）

2023年全国硕士研究生招生考试
历史学基础试题参考答案

一、单项选择题

（一）答案速查

1	2	3	4	5	6	7	8	9	10
C	D	A	D	C	C	A	B	A	B
11	12	13	14	15	16	17	18	19	20
B	C	A	A	B	D	B	C	D	A

（二）答案精解

1.C　答案分析：本题为细节考查类，考点是“商朝及其考古发现”“西周的制度和社会结构”。商代血缘制度较为稳固，而西周宗法制与分封制皆以亲属间的血缘为纽带，进入春秋战国以后，中华文明才由血缘政治向地缘政治转变，因此C选项正确。商代与西周时期青铜铸造业得到发展，但并未广泛使用，春秋战国时期铁器出现，金属工具才开始广泛使用。商代的国家治理模式是内外服制度，西周的国家治理模式是分封制。商代的王位传承方式多为父死子继和兄终弟及，而西周的王位继承方式是嫡长子继承制。

2.D　答案分析：本题为细节考查类，考点是“豪强势力与东汉的统治”。“世家大族”指历代经书传家、世代做大官的人家，政治地位显赫。而“豪强”一般指地方的豪强地主，他们聚族而居，宾客相附，雄踞地方，但是在中央的政治地位较低。豪强与世家大族相比，最大的差别是政治地位的差异，因此D选项正确。东汉末年正处于门阀制度的萌芽时期，无论是世家大族还是豪强，都属于宗法封建性大地主，都拥有一定的宗族势力。世家大族和地方豪强，都占有大量土地，拥有大量的依附人口。世家大族与豪强的文化价值取向有所差异，但这并非其最显著的区别。

3.A　答案分析：本题为细节考查类，考点是“十六国北朝的政治形势与民族关系”。无论是镇压六镇起义，还是发动河阴之变，契胡酋长尔朱荣所倚重的主要力量都是起初就跟随他的契胡部落势力，因此 A 选项正确。六镇戍兵发动了六镇起义，并在北魏和柔然的夹击下失败。羽林禁军是担任护卫皇宫的军队，豪强武装是地方的统治力量，二者均不是尔朱荣发动政变所依靠的力量。

4.D　答案分析：本题为细节考查类，考点是“宋元时期的文化”。《文献通考》是宋末元初马端临仿杜佑《通典》体例而编纂的典制体通史，因此 D 选项正确。《史通》是唐代刘知几撰写的史评类史书，提出了史家应具备史才、史学、史识三长。《资治通鉴》是北宋司马光编撰的编年体通史，是中国第一部编年体通史。《通志》是南宋郑樵编纂的纪传体通史，《二十略》是其精华所在。

5.C　答案分析：本题为逻辑考查类，考点是“辽、西夏、金的统治”。题干所揭示的主旨是捺钵制度的目的。辽朝皇帝按春夏秋冬四季外出游猎，朝中官员随行，并于游猎地区设置行帐，名为“捺钵”，其中春捺钵和秋捺钵召见各部落首领，进行渔捕、狩猎等活动，题干中“达官权贵及属部”说明春秋捺钵的作用是对内的而非对外，并且政治机构的设置必然有其政治作用，即用于协调朝廷与各属部之间的关系，因此 C 选项正确。接受“朝贡”和处理外部事务都是辽朝与国外势力进行的来往，而春秋捺钵的对象主要是内部各个部落；虽然题干提到了“渔捕、涉猎等活动”，但这只是细枝末节的问题，根本不是捺钵制度这一政治制度的设置目的。

6.C　答案分析：本题为逻辑考查类，考点是“重要的不平等条约及其影响”。题干所揭示的主旨是，中国对同类货物征收的进口税远远低于英国对其他国家征收的税率。1858 年签订的《通商章程善后条约》规定海关进出口货物税率为 5%，洋货运销内地除抽 2.5% 子口税外，免征一切内地税，即洋货进出口中国的关税率是 5% 到 7.5%，而英国对法国进口货物征收的税率是 15%，正好是前者的 2 至 3 倍，这说明英法列强利用协定关税压低中国的进口关税率，向中国大量倾销商品与鸦片，因此 C 选项正确。清朝开始丧失关税自主权是在 1842 年签订《南京条约》以后。清朝降低关税是被动之举，是列强根据协定关税制度强行要求的，这使中国的利权受到损失。题干并未提到有关列强对华的侵略形式，并且此时列强对华的经济侵略仍然以倾销商品为主，《马关条约》以后才由输出商品向输出资本转变，D 选项错误。

7.A　答案分析：本题为逻辑考查类，考点是“科举制度的废除和晚清教育改革”。题干所揭示的主旨是，清政府在教育改革中授予“举人”“生员”等功名的目的。清政府的教育体制改革使大量准备科举的生员失去晋升道路，引起了他们的反对。清政府根据学堂学历来授予与科举相似的身份，其目的是减轻教育改革的阻力，促进改革的推行，因此 A 选项正确。题干中清政府的做法是为了推行新式学堂而不得不采取的减阻措施，这是一种手段而不是目的，最终清政府在 1906 年正式废除了科举制度，使新式学堂得到了迅速的发展。立宪党人起初对清政府的新政改革持支持态度，并主张进一步废除科举制。

8.B　答案分析：本题为细节考查类，考点是“抗日根据地的建立和发展”。延安整风运动可以分为准备阶段和普遍整风阶段。其中准备阶段的主要活动是组织党的高级干部学习马列主义，为此毛泽东在延安干部工作会议上作了名为《改造我们的学习》的报告。因此 B 选项正确。整风运动中，普遍整风阶段的主要活动是组织全党党员学习马列主义，毛泽东为此作了《反对党八股》与《整顿党的作风》两篇报告。《反对本本主义》写于 1930 年，是毛泽东为反对当时红军中存在的教条主义思想而作。

9.A　答案分析：本题为细节考查类，考点是“社会主义改造”。三大改造中，国家对资本主义工商业的改造是通过多种形式的国家资本主义形式，把资本主义私有制逐步改造为社会主义公有制。题干中企业利润的分配实际上是“四马分肥”，此时该企业正处于资本主义私有制向社会主义公有制的过渡阶段，即国家资本主义阶段，因此A选项正确。该企业改造前属于民族资本主义企业，其性质是资本主义私有制。1956年底三大改造基本完成，该企业的性质才转变为社会主义公有制。初级合作社是三大改造中对农业进行社会主义改造中的初级阶段，与题干的主体资本主义工商业无关。

10.B　答案分析：本题为逻辑考查类，考点是“邓小平南方谈话与社会主义市场经济的确立”。题干所揭示的主旨是，1984年邓小平南行讲话强调放权的背景。1984年邓小平南行时，中国已实行改革开放，建立了一批经济特区。由于经济特区的市场性质，部分人士产生了中国到底姓“资”还是姓“社”的争论，为此，邓小平前往南方视察，并指出市场和计划只是一种经济手段，而不是区分资本主义和社会主义的标志，邓小平强调“不是收，而是放”实际是鼓励提高企业和特区的自主性，因此B选项正确。1978年中国实行改革开放后，经济开始持续快速发展而非放缓。1989—1991年东欧剧变的不利影响造成了国内政治形势的动荡，而社会主义初级阶段理论正式创立于1987年中共十三大之后。

11.B　答案分析：本题为细节考查类，考点是“列国时代的新兴宗教与思想”。列国时代，由于生产力的发展，从事商业活动的吠舍阶层壮大。此时婆罗门教及祭司阶层日益腐朽堕落，出现了许多反对婆罗门教的社会思潮，包括佛教、耆那教、顺世论派等，除此之外，题干中的关键词“阶级矛盾”意在表明婆罗门阶层与其他三个阶层之间的矛盾，因此B选项正确。列国时代，次大陆尚未统一，并未形成有力的王权，并且这些新思潮的信仰者中有大量刹帝利信徒，而刹帝利阶层主要是武士和国王。“宿命论”是新思潮中阿什斐迦派（邪命外道）的主要思想。“生死轮回”是新思潮中佛教的主张。

12.C　答案分析：本题为细节考查类，考点是“古代埃及的主要王朝”与“亚述文明”。考古学家在埃及阿玛尔纳发现了大量泥板文献，是埃及法老与当时西亚各国国王往来的书信，被称为《阿玛尔纳书信集》，其主要内容为，周边国家尤其是中亚述文明的崛起，因此选项C正确。希克索斯人入侵埃及是在埃及第二中间期，而埃及的国王被称为法老是在埃及新王朝之后，并且这是埃及所面临的威胁。古埃及新王国时期，阿蒙神祭司集团势力的膨胀严重影响了王权，造成了激烈的政教斗争。腓尼基地处地中海东岸，其殖民地分布于西部地中海，与中巴比伦王国所在位置不同，且其殖民地主要是经济性质的。

13.A　答案分析：本题为逻辑考查类，考点是“西欧主要国家的君主制度”。题干所揭示的主旨是，中世纪英国所颁布的宪章加强了王权，削弱了神权。题干中“未经国王允许”以及“国王有权”等关键词体现了国王权力的上升和神权的下降。1164年属于英国安茹王朝（金雀花王朝）统治时期，亨利二世进行司法改革，颁布《克拉伦登宪章》以提高国王的司法权力，收回了教会的圣职推荐权，因此A选项正确。等级代表会议是用来削弱王权的，但题干的主旨是英王的权力加强，并且英国的等级议会出现于13世纪以后。英国王权与罗马教权的矛盾一直贯穿于中世纪英国史，但在金雀花王朝时期，英国国王与罗马教廷并未决裂。《大宪章》签署于1215年，其目的是限制王权。

14.A　答案分析：本题为细节考查类，考点是“阿拉伯文化及其传播”。古代印度人发明了0—9十个数字符号，这些数字符号经中亚传到阿拉伯，阿拉伯人将其加以改造后传到了欧洲，欧洲人称其为“阿拉伯数字”，因此阿拉伯文明促进了印度数字在西方的传播，A选项正确。《训民正音》是古代朝鲜世宗时期出版的谚文集，标志着朝鲜本民族文字的正式确立，与阿拉伯文化无关。犍陀罗艺术以佛像雕刻为主，因受到亚历山大东征的影响，吸收了许多希腊的雕刻手法，体现了东西方之间的交流。那烂陀寺是古印度佛教寺院和佛教的最高学府，体现的是印度文明与中国文明的交流，与西方文明无关。

15.B　答案分析：本题为细节考查类，考点是“中世纪的城市与大学”。在中世纪西欧，随着地区性和国际性贸易的发展，逐渐形成了欧洲两大贸易区。其中地中海贸易区主要经营香料、丝绸、瓷器等奢侈品，在东西方国际贸易中起主导作用，因此 B 选项正确。欧洲第二大贸易区是北海和波罗的海贸易区，主要从事北欧和东欧的转运贸易，经营粮食、木材、毛皮贸易。香槟集市是中世纪西欧的著名市集，13 世纪西欧的货币兑换中心。大西洋贸易区兴起于新航路开辟以后，与题干的时间不符。

16.D　答案分析：本题为逻辑考查类，考点是“日本政治体制的变迁”。题干所揭示的主旨是，丰臣秀吉收缴民间兵器的目的。在丰臣秀吉统一日本伊始，日本社会存在着严重的流浪武士和武器泛滥问题，丰臣秀吉为了稳定社会秩序，使农民安心种地，颁布了“刀授令”，收缴百姓手里的刀、剑、矛等武器，从此佩带武器成了武士的特权，因此 D 选项正确。丰臣秀吉改革的主要目的是收缴农民的武器，使其安心种地，不能随意迁徙，以稳定社会秩序，题干的主旨根本不涉及武器制造方面。根据题干中“以建造大佛为理由”可知建造佛像只是表面缘由。丰臣秀吉颁布“刀授令”，收缴了民间的铁器，而大量农具是由铁器铸成，因此该措施并不能促进农业生产，并且丰臣秀吉改革的政治目的要大于经济目的。

17.B　答案分析：本题为逻辑考查类，考点是“第二次工业革命与工业文明”。题干所揭示的主旨是，19 世纪末，欧洲帝国主义列强的斗争形势的表现。1860 年大国间的斗争集中在欧洲，而 19 世纪末 20 世纪初则集中在全球，这体现了资本主义世界市场的正式形成。而 19 世纪末以后，随着第二次工业革命的结束以及垄断组织的形成，欧洲列强的侵略方式逐渐由倾销商品向输出资本转变，因此这一时期欧洲帝国主义间斗争的主要形式是资本输出、加强垄断，因此选项 B 正确。自由竞争、商品输出是 16 世纪至 19 世纪中期欧洲列强竞争的主要形式。推销机器、掠夺资源是从新航路开辟到工业革命前欧洲列强竞争的主要形式。技术封锁、关税壁垒是当代发达国家所采取的一种竞争策略。

18.C　答案分析：本题为逻辑考查类，考点是“美国的内政与外交”。题干所揭示的主旨是，二战末期美国黑人社会影响力提升的背景与影响。根据“1944 年”可知，此时正处于二战末期，在这个关键的阶段，美国政府为保证战争胜利招募了大量黑人参战和参与生产。黑人经济地位和影响力的提升促使他们争取更多的政治权利，最终掀起了大规模黑人民权运动，因此 C 选项正确。黑人民权运动的日益高涨迫使美国国会于 1964 年通过《民权法》，废除了种族隔离制度。题干中并未提到黑人走上武装斗争的道路，并且武装斗争的说法也并不符合史实，黑人民权运动的主要形式是举行游行示威活动。美国宪法赋予妇女选举权是在 20 世纪 20 年代，并且题干所强调的主体是黑人而不是妇女。

19.D　答案分析：本题为逻辑考查类，考点是“冷战和两大阵营的对峙”。题干所揭示的主旨是，美苏首脑经过会谈虽有矛盾但仍达成了一定的共识。1959 年戴维营会谈产生了“戴维营精神”式的美苏缓和，题干中双方互相“拒绝”体现了美苏间的争霸对抗，而“达成共识”则体现了美苏之间的让步与缓和，因此 D 选项正确。世界政治的多极化趋势开始于 20 世纪 70 年代，主要表现为欧共体的发展、第三世界的壮大、中国经济的崛起等。1959 年，苏联的实力并没有达到与美国势均力敌的程度，美国对苏联尚处于攻势。题干的主旨是美苏间既有对抗又有让步，而不是双方意图终结冷战，并且在戴维营会谈之后发生了 U2 飞机事件，美苏关系再度恶化。美苏冷战终结是在 1991 年苏联解体之后。

20.A　答案分析：本题为细节考查类，考点是“当代西方国家的思想文化”与“结构主义”。结构主义是一种包括语言学、历史学、社会学、文学理论在内的思潮，其基本特征是用结构主义方法论表述不同领域内的问题，其代表人物列维－施特劳斯对存在主义哲学进行了系统的批判，因此 A 选项正确。理性主义是启蒙运动时期的代表思想，主要代表人物是伏尔泰、卢梭、孟德斯鸠等。科学主义主要研究科学的本性、结构、解释等问题，代表人物有石里克、卡尔纳普等。现代解释学的开创者是德国哲学家海德格尔，他把传统解释学从方法论和认识论性质的研究转变为本体论性质的研究，并未对“存在主义哲学”进行批判。

二、史料分析题

21.（1）考查国家典章制度，一里若凑不够十甲，则就近拨与补充；一甲若不够110户，则检验人口及田产数进行归并补充；轮次值役的里长，若家道中衰，允许在里内选人口、田产接近上等的人来补任，这是多么的变通啊。（10分）

（2）弊端：随着经济发展，民户的丁口、财产变化剧烈，经济状况不平衡加剧，民户或合户以逃避差役；而里长、甲首及轮役时间长期未根据形势变化加以改任、调整，导致负担不均。（14分）

办法：实施土地清丈，推行一条鞭法。（6分）

22.（1）东方棉织品在世界范围的传播与扩散；各地区的交流促进英国社会对棉织品的消费；英国政府的禁令引发了仿制品的制造，从而形成棉纺织品“进口替代”战略。（10分）

（2）英国：机器化的生产模式扩散到毛、麻纺织业，机械工程和金属制造业得以兴起和发展；棉纺织业的利润为其他部门工业化的起步提供了最初的资本积累；带动了英国经济的起飞，加速了工业革命的到来。（10分）

世界：推动世界经济向工业经济转变；促进诸多孤立地区的联系；将工业化的生产方式及与此相关的社会形态输送、传播到世界其他地区。（10分）

三、论述题

23．阶段：前7世纪上半期，齐桓公重用管仲实施改革，发展工商业，召集中原诸侯国君会盟，举兵抗击“戎”“狄”，遏止楚国向北扩张；前7世纪后期至前6世纪中期，晋、楚为控制中原诸侯国展开长期战争，最终达成和解；春秋后期，南方吴、越兴起，吴王夫差、越王勾践相继召集中原诸国，争当盟主；秦穆公亦曾试图称霸中原，受到晋国阻击而向西扩张，最终秦国发展成为大国。（20分）

影响：周王室衰弱，争霸战争中诸侯国内卿大夫势力膨胀，分封制逐步崩解；齐桓公、晋文公相继以“攘夷”号召中原诸国，华夏民族认同增强；秦、楚、吴、越争霸中原，促进周边地区的开发与文化进步，及其与中原各国文化和族群的认同。（10分）

论述组织。（10分）

24．贵族势力强大，王权相对弱小；贵族之间相互争夺权力，发动战争，甚至导致王位空缺，不利于统一；国王通过选举产生，成为大贵族限制王权的工具，1356年的“黄金诏书”进一步使德国的分裂合法化；国王热衷对外征服和扩张，严重削弱对国内的统治；神圣罗马帝国建立后，将大部分精力放在意大利；教皇利用宗教权力控制皇帝，皇帝与教皇及其他势力斗争，教皇对皇帝的整体优势一直保持。（30分）

论述组织。（10分）

25．背景：工业基础薄弱，“一穷二白”；新生人民政权的巩固，人民的拥护和支持；中苏同盟关系的建立，苏联模式的示范效应；朝鲜战争的影响，西方封锁禁运；国民经济的全面恢复和现代化建设的迫切需要。（15分）

意义：顺应了中国近代以来追求工业化的发展趋势；体现了中国共产党的使命担当；使我国在短

期内迅速建立起国家工业化和国防现代化的初步基础，为构筑独立自主的工业体系奠定坚实基础；为以后国民经济发展和改革开放创造了有利条件。（15分）

论述组织。（10分）

26. 异：科特迪瓦、利比里亚等国通过发展“自由经济”建立“自由企业制度”，走上资本主义发展道路；北非诸国、坦桑尼亚、埃塞俄比亚等国，宣布走“阿拉伯社会主义”“村社社会主义”“非洲科学社会主义”等不同派别的非洲社会主义道路；喀麦隆、马拉维等国实行有计划的自由主义，声明走“既不是资本主义、也不是社会主义”的“中间道路”；20世纪80年代后，宣布走“中间道路”的国家越来越多。（20分）

同：均采取了国有化，土地改革等措施；各国在独立后经历了不同程度的经济高速发展期；受到不合理的国际秩序的制约。（10分）

论述组织。（10分）

2024年全国硕士研究生招生考试
历史学基础试题参考答案

一、单项选择题

（一）答案速查

1	2	3	4	5	6	7	8	9	10
B	D	A	B	A	C	D	B	C	A
11	12	13	14	15	16	17	18	19	20
D	C	D	C	D	B	B	A	B	A

（二）答案精解

1.B　答案分析：本题为细节考查类，本题考点是“新石器时代的主要文化遗存”。题干所揭示的主旨是新石器时代位于黄河流域的文化遗址。仰韶文化和大汶口文化均位于黄河流域中下游的位置，因此B选项正确。红山文化分布于内蒙古、辽宁、河北一带。龙山文化主要位于黄河流域，良渚文化主要位于长江流域。河姆渡文化主要位于长江流域。

2.D　答案分析：本题为逻辑分析类，考点是“西周的兴衰”。题干所揭示的主旨是对“共和元年”的认识。周厉王时期爆发了“国人暴动”事件。在“国人暴动”后，周厉王被驱逐，周定公和召穆公二人共同执政，史称“共和行政”，该年也被称为“共和元年”，成为中国历史上最早有纪年的开始，因此D选项正确。“颁布历法”和“确切纪年”是不同的两件事，颁布历法是历朝历代建国时会采取的重要举措，开国之君会在开国之初颁行新历用以“正朔”来表明自身统治的合法性，因此“颁布历法”和“确切纪年”并不是同一个问题。B选项中的管叔、蔡叔叛乱是指西周初年的“三监之乱”。C选项西周的灭亡和东周的开始则指的是平王东迁。此外，根据另一种说法，“共和行政”可能指的是一个名为“共伯和”的诸侯代替周天子行政，不过这并非本题的核心考查内容。

3.A　答案分析：本题为逻辑分析类，考点是“两汉时期的社会经济”。题干所揭示的主旨是“两汉景象”“富拟封君”反映的特点。材料描述了两汉时期地方豪强势力发展壮大的情况。材料中，无论是经济实力还是军事实力的壮大都体现出了地方豪强势力的发展，因此 A 选项正确。题干说的是发展鼎盛时期的具体表现，而不是形成阶段或其开端的情况。材料中虽然提到了自然经济的发展，但是同时也提到了军事实力的壮大，因此 C 选项并不符合题意。材料中并没有将这一富裕的景象同其他地方进行对比，来强调区域经济的差异。

4.B 答案分析：本题为细节考查类，考点是“隋唐五代时期的文化”。题干所揭示的主旨是“三长说”。由此可知材料中的古代史学家即唐代的刘知几，因此 B 选项正确。《文史通义》的作者是清代学者章学诚。《文献通考》的作者是宋元时代的学者马端临。《通典》的作者是唐代学者杜佑。

5.A 答案分析：本题为逻辑分析类，考点是“清代疆域的奠定与多民族国家的统一”。题干所揭示的主旨是乾隆对内外宣扬其军事胜利的根本目的。作为一名成熟的统治者和政治家，乾隆做这件事的根本目的在于对内外宣扬其文治武功，用以展示大清在其统治下的“盛世之景”，因此 A 选项正确。B 选项不是乾隆本人的出发点，也与材料中的“军事胜利”一事无关。C 选项同“乾隆意图宣扬其文治武功”这一主旨毫无关联。D 选项所说的统一内地与边疆的行政体制，这一行为属于政治体制上的改革，同材料无关。

6.C 答案分析：本题为细节考查类，考点是“清廷政局”。题干所揭示的主旨是 1861 年帮助一派人掌权反映的实质。由材料“1861 年”“帮助一派人掌权”“在北京建立令人满意的关系”，可以判断出这是咸丰帝驾崩后由慈禧、奕䜣等人在中央发动的夺权政变，即历史上有名的辛酉政变（也叫北京政变、祺祥政变），因此 C 选项正确。湘军崛起是在清政府镇压太平天国时，其代表人物绝大部分都是地方上的大员，而材料中的事件则是发生于北京（中央）的政变。太平军占领南京的时间是 1853 年。京师同文馆正式成立于 1862 年。

7.D 答案分析：本题为逻辑分析类，考点是“新文化运动”。题干所揭示的主旨是强调学习西方文化的必要性。A 选项，材料并未强调传统文化的优点；B 选项有一定道理，但与题干核心主旨（强调学习西方文化的必要性）不符；C 选项也不能选，材料的重点并不是在批评西方文明的缺陷。D 选择有道理，十月革命一声炮响送来了马克思主义，送来了真理，学习西方文化的必要性也就很明显了。

8.B 答案分析：本题为逻辑分析类，考点是“抗日民族统一战线的形成”。题干所揭示的主旨是中国共产党政策的调整。材料中毛泽东强调了民族资产阶级的“动摇性”“妥协性”，将民族资产阶级与“地主阶级”“买办阶级”区分开来，从而证明了中国共产党可以团结联合民族资产阶级一起抗日，这同之前土地革命时期的政策、战略有了根本上的区别，因此 B 选项正确。中国共产党决定第二次与国民党实行合作共同抗日是在 1937 年。在 1949 年的西柏坡会议之后，中国共产党才正式决定将工作重心转移到城市之中。建立联合政府的想法是中国共产党在抗战胜利前夕提出的。

9.C 答案分析：本题为逻辑分析类，考点是“抗日根据地的建立与发展”。题干所揭示的主旨是 1943 年劳动力的组织形式变革。这道题考察的是将劳动力以“互助合作”的形式组织起来，那么这是一种生产方式的变革。C 选项“促进了农村生产体制变革”是最合理的，能够符合这个主旨。其余的各个选项都有一定问题：题干提示了这是起步阶段，A 选项的“进一步”明显不妥；至于 B 选项所说的“土地改革”和 D 选项所说的“解决财政困难”，在题干中并未提及，更非题干主旨所在。

10.A 答案分析：本题为细节考查类，考点是“政权的巩固与经济、文教建设”。题干所揭示的主旨是新中国成立初期巩固经济秩序的手段。1949 年之后中国共产党控制了全国生产物资，然后有效调动这些物资，打击了上海等城市的囤积居奇现象，稳定了城市经济与金融秩序，因此A选项正确。国民党也曾以行政手段打击投机资本，但最后收效甚微。苏联对于中国共产党的经济援助只是中国共产党取得胜利的一小部分原因。在抗战时期国民党就逐步统一了全国财政经济工作，因此这不是中国共产党和国民党的区别。

11.D　答案分析：本题为逻辑分析类，考点是“古代埃及的主要王朝”。题干所揭示的主旨是古埃及国王对其子强调国王特殊性的目的。材料中国王反复强调自身的特殊性、神圣性，以证明君权神授，说明其统治人民的合法性，因此D选项正确。材料中并没有提到“政教分离”一事，只是在强调国王的过人之处。材料反复强调国王的品德至高无上，而没有提法老。另外，阿赫托伊是古埃及第九王朝时期的国王，“法老”这一称呼直到第二十二王朝才正式成为古埃及国王的头衔。材料强调的是阿赫托伊对于国王继承人的教育，并没有提及加强贵族教育。

12.C　答案分析：本题为逻辑分析类，考点是“罗马王政时代、共和国制度和罗马的扩张”。题干所揭示的主旨是罗马共和国早期执政官和保民官之间的社会、政治地位之间的差异。材料强调的是保民官的社会地位和政治地位都远不如执政官，说明了在此时期罗马保民官的实际权力有限，因此C选项正确。材料里强调的对象是罗马保民官，而非执政官，并且结合所学可知罗马对于执政官有诸多限制。材料强调的是执政官和保民官之间的地位差异，而没有说担任这两个职位的罗马公民有不同的财产等级。材料并没有涉及这一时期罗马内部的平民和贵族之间的斗争状况。

13.D　答案分析：本题为逻辑分析类，考点是“朝鲜半岛的社会文化”。题干所揭示的主旨是府兵制的特点。材料里提到的由国家发放田亩，为国家服役，同我国北魏至唐前中期施行的府兵制十分相似，即由国家发土地给百姓，百姓平时为耕种土地的农民，农闲时训练，战时则从军打仗，因此D选项正确。募兵制是唐玄宗时期施行的制度，由国家招募男丁充军，并供给衣食、饷银，减免其赋役。部民制是古代日本的奴隶制度，产生于4世纪末，在大化改新后被废除。千户制是成吉思汗所创立的军事制度，长官称千户那颜，各千户那颜享有封地内的军政大权，并可以世袭，对大汗有纳税、参战的义务。

14.C　答案分析：本题为逻辑分析类，考点是“中世纪的城市与大学”。题干所揭示的主旨是“颁布限制条令的根本目的”。材料中无论是限制织布机的持有量，还是禁止上夜班和禁止过多采买原料，其根本目的是避免行会内的互相竞争，因此C选项正确。材料并没有说法兰克福的呢绒业遭遇了生产原料短缺的问题，也没有说这一规定成功解决了生产原料短缺的问题。材料并未提及有关劳动者合法权益的保障。材料并没有提及当地呢绒行业中有关生产资料所有制的问题，而且该规定的目的是为限制竞争，而非抑制生产资料私人占有。

15.D　答案分析：本题为细节考查类，考点是“莫斯科公国与俄罗斯帝国的兴起”。题干所揭示的主旨是为何在16世纪初东正教的宗教中心迁移至莫斯科。材料中的时间为16世纪初，1453年信仰逊尼派的奥斯曼帝国攻陷君士坦丁堡，灭亡拜占庭帝国后，位于君士坦丁堡的东正教教会名存实亡，东正教中心逐渐向另一东正教大国——莫斯科公国转移，因此D选项正确。沙皇专制制度的废除是在1917年的二月革命。三十年战争爆发于1618年，而且是一场天主教和新教国家之间的宗教战争，不是东正教的历史事件。彼得一世改革发生于18世纪初，是一场俄罗斯内部的改革。

16.B　答案分析：本题为逻辑分析类，考点是“重商主义和商业战争”。题干所揭示的主旨是对重商主义的理解。由材料的“守财奴”“骗取……现钱”“保持在关税线内”可知，恩格斯所评价的这一制度有“重视保护本国商业顺差，和从其他国家手中取得贵金属”的特点，因此B选项正确。自由放任政策是指政府对于国家的经济发展几乎不进行干预。功利主义是由边沁和穆勒提出的一种以实际功效或利益作为道德标准的伦理学说。国家资本主义是由列宁提出的，用以描述资本主义发展阶段性特征的一个概念，其特点是国家掌握和控制资本主义的经济发展。

17.B 答案分析：本题为细节考查类，考点是“美国独立战争”。题干所揭示的主旨是促使法国参加美国独立战争的决定性事件。1777年萨拉托加大捷后，大陆会议向欧洲列强证明了自身的实力，并最终促使了法国、西班牙、荷兰等国参与美国独立战争之中，共同对抗英国，因此B选项正确。西班牙等国参与美国独立战争和法国参加美国独立战争的时间相差不久，因此西班牙等国参战并不是推动法国加入美国独立战争的决定性事件。富兰克林的游说争取是推动法国参与北美独立战争的重要事件之一，而非决定性事件。《美法同盟条约》的签订是在法国同意干预美国独立战争之后。

18.A 答案分析：本题为细节考查类，考点是“独立后拉美的政治与经济变化”。题干所揭示的主旨是19世纪后半期拉美的经济特点。结合所学可知，此时欧美各主要资本主义国家正由商品输出转变为资本输出，亚非拉国家的工矿业、商业、金融业都有欧美各国的资本参与，因此其发展自然要受到西方的限制，A选项正确。这一时期的拉美在贸易上仍然是大量对外出口原料，进口工业制成品，处于极大的贸易逆差之中。此时的拉美主要是对欧洲输出咖啡等农副产品，农产品的出口比重占据很大一部分。拉美此时的出口导向为原料出口，而非次级产品出口，主要输出的是工业原料和各类农产品。

19.B 答案分析：本题为逻辑分析类，考点是“英国对印度的殖民统治”。题干所揭示的主旨是印度人在英属印度的政治话语权增强。此时部分印度资产阶级受益于英国的政策调整而经济实力壮大，使得英国人调整其对印度的统治政策，以此更好地实现对英属印度的控制，因此B选项正确。英国放松对印度的殖民控制是在两次世界大战之中，即1914—1918年、1939—1945年这两个时间段之中。印度民族独立运动取得胜利是在1947年，1947年英国正式承认了印度独立。材料里并没有提到英国通过的这部法案是否受到了甘地的影响，另外甘地的不合作运动在印度的发展壮大是在一战及一战后。

20.A 答案分析：本题为细节考查类，考点是“当代科技革命”。题干所揭示的主旨是二战后凯恩斯主义的发展变化。新剑桥学派也叫“英国凯恩斯主义”，其主要强调从凯恩斯的需求理论出发，在此基础上对凯恩斯主义进行完善、发展，因此A选项正确。货币学派诞生于20世纪50年代末60年代初的美国，其诞生是对欧美各国采用凯恩斯主义之后产生的“滞胀”后果所进行的反思。新制度学派的诞生是为了解决凯恩斯主义解决不了的问题。供应学派是20世纪70年代诞生于美国的着重从供给方面考查经济现状的经济理论，而凯恩斯主义则主要是从需求角度出发。

二、史料分析题

21.（1）观点：欧阳修批评五代梁朝为非法政权之说，主张梁与唐、晋、汉、周政权皆为正统；王祎认为五代政权都是非正统政权，五代各政权建立者无论出身，还是得国方式、名义、正义性，都不能支撑其正统地位。

依据：二者均强调道义；欧阳修认为政权连续性是正统传承的重要依据；王祎认为疆域统一才是衡量正统的标准。

（2）略。

22.（1）原因：美国以“恪守承诺”为借口，扭转在越战中的不利局面；出于冷战全球战略的考虑，遏制共产主义发展；维护美国的霸权地位。

（2）国际：美国霸权地位相对衰退，苏联实力上升；西欧、日本复兴，第三世界影响不断加强；越南人民的英勇反抗。

国内：黑人等少数族裔掀起民权运动，反战运动蓬勃发展。

（3）措施：调整越战策略，最终从越南撤退；缓和中美关系；在保持同苏联激烈争夺的同时，谋求与苏联对话，调整与西欧及日本的关系。

实质：是美国战后对外政策的重大调整，目的在于确保美国霸权。

三、论述题（每题主体内容 30 分，论述组织 10 分。有其他回答言之成理可酌情给分）

23. 西晋永嘉之乱后，北方各族纷纷建立政权，历史进入十六国时期。不同民族建立起来的十六国政权都有明显的华夏认同，为多元一体的新民族格局发展作出了贡献。

（一）背景

1. 少数民族进入中原。秦汉以来，边境的河西四郡、青海、河套等地区纳入中原王朝控制，少数民族因而逐渐进入内地，如光武帝曾内迁安置南匈奴、乌桓。各族内迁后就共同参与到内地的政治、军事活动中。虽也有排斥其他民族、维护政治稳定的主张（如江统提出《徙戎论》），但各族共同居住于内地的局面已然形成。

2. 民族交流频繁。各族迁居内地后，其上层社会受到内地先进文化的熏染而有所儒化，如匈奴人刘渊拜崔游为师，学习《诗》《易》《尚书》，其儒学水平受时人赞赏。下层百姓则在共同的生产生活中与内地百姓相近。

3. 华夏文化的先进性。经秦汉帝国的长期发展，中原农耕地区的华夏文化高度发达，是当时仅有的能融汇其他各族文化、成为大一统国家文化认同支柱的民族文化。这是各族纷纷采纳华夏认同的文化前提。

（二）表现

1. 政治制度的华夏化。十六国虽有不同的政治传统，但其在建立政权的过程中均不约而同采纳了秦汉帝国的制度。汉赵、后赵、前燕、前秦等国都采取了胡汉二分体制，以大单于为国族少数民族的管理者，常由太子兼任；但同时又称最高统治者为皇帝，统领百官僚属。这是对华夏皇帝制度的继承和发展，对后世影响深远。

2. 祖先认同的趋近。时人认为，匈奴是夏王朝的后裔，鲜卑是黄帝的后裔，羯是匈奴的一支，也是夏王朝的后裔，氐是有扈氏的后裔，羌是虞舜的后裔。这些看法说明各族人民自认为有共同的祖先，汉族与其都是黄帝的子孙。

3. 华夏文化的传承。十六国治下的北方学者笃守汉代经学，许多少数民族出身的统治者也支持经学。有的还亲自参与儒学活动，如前秦苻坚“亲临太学，考学生经义优劣，品而第之”。佛教也得到十六国政权的弘扬，如后赵尊佛图澄、前秦尊释道安、后秦尊鸠摩罗什。佛教成为当时南北方各民族的共同宗教信仰，一定程度上也使民族的融合多了一种共同的精神因素。

4. 大一统的天下观。十六国政权虽局促于北方，但都保持了大一统的华夏天下观。有的十六国政权以统一天下为己任，如汉赵建立者刘渊，以刘邦等汉朝皇帝为三祖五宗，誓要复兴汉室；苻坚也声称要“混六合为一家，视夷狄为赤子”。此外许多十六国政权仍以偏居东南的东晋为正统，向其称臣，如前凉、前燕、西凉等都受过东晋册封。

（三）影响

1. 促进了多元一体民族格局发展。费孝通先生在《中华民族的多元一体格局》中写道：“（十六国时期是）民族大杂居、大融合的一个比较明显的时期，是汉族从多元形成一体的一幕台前的表演。”经过十六国的发展，民族进一步融合，原有的华夏认同得到发展，为隋唐大一统时期各族共创辉煌奠定了基础。

2. 创造了华夏大一统国家再建的认同基础。共同的华夏认同是国家统一的前提。北方各族在长期交流和战争中，共性逐渐压倒特性，各政权的华夏认同最终导向了统一。北方先后被苻坚、北魏统一，最终整个中国在隋唐时重归一统。此后除五代十国的短暂分裂外，中国保持了长期的大一统和局部统一局面。

3. 形成了入中国则中国之的认同范式。十六国时期虽有民族冲突和战争，但华夏认同逐渐深入人心，成为各族共同的文化遗产。此后各族入主中原，无不以接纳华夏认同为前提，继十六国之后的北魏立马迎来了孝文帝的大规模改革。而这种华夏认同范式又包含了多元特性的张力，保有各民族自身的特色。

24.7 世纪中期至 12 世纪末期日本政治体制经历了律令制国家建立、摄关与院政和武家政治兴起三个主要阶段，其后形成了长期稳定的幕府体制，对后世影响深远。

（一）飞鸟、奈良时代

1. 政治体制：大化改新和律令制国家建立。7 世纪中叶，中大兄皇子发动政变清除了守旧派苏我氏的势力，随后推行改革，史称大化改新。大化改新废除了贵族的私有土地和部民，将其全部收归国家；建立较为完备的中央及地方的行政机构，向边远地区派出国司强化统治；编户齐民，学习中国实行班田收授法；改革租税，推行租庸调新法。而后日本参照中国的律令制编纂了《大宝律令》《养老律令》。律令作为国家的基本大法明确了国家制度、政治体系和臣民的权利义务；明确了行政机构的人员组成和职能；建立了全新的军事制度，中央设卫府，地方领国设军团。

2. 影响：政治上，大化改新让日本摆脱了豪族联盟的松散状态，律令制的推行建立了中央集权的官僚政治体系，加强了日本的实力，推动日本的势力在群岛上不断扩张。经济上，律令制提高了农民的地位，促进了农业、手工业生产。

（二）平安时代

1. 政治体制：摄关与院政。9 世纪起藤原家通过与皇室联姻不断强化权力，在天皇年幼病弱时以外戚身份出任摄政，在天皇成年后则担任关白，继续掌握朝廷大权，此即摄关政治。地方领主为获得避税特权向中央权贵寄进庄园，藤原氏成为全国最大的庄园领主，并向各国派遣自己的族人和亲信担任国司。原来律令制下的公有土地逐渐被私有庄园取代。为摆脱摄关的架空、处理混乱的庄园情况，天皇开始尝试通过“院政”重振天皇专制制度。白河天皇将皇位让给自己 8 岁的皇子，自己出家为僧，称法皇（上皇），这保证皇位按照上皇的意愿传递而不受藤原家影响。上皇设立律令制框架外的院厅、启用近臣，削弱了摄关的权力，重振了皇室的权力。中央不断尝试整顿阻止庄园制发展，但无法遏制公领私有化的进程。院政时代常将领国的支配权分赏给皇族、公卿或寺社，使其享有在领国课税的权力，即知行国制。

2. 影响：摄关政治加速了公领制向庄园制的转变，破坏了律令制国家的基础。随后的院政虽然尝试遏制庄园的无限扩张，试图重振天皇权威，并在短期内取得了一些成效，但皇室肆意封赏，各大贵族、寺社也不断侵占公领，最终难以挽救衰败的律令制度。

（三）武家政治

1. 政治体制：武士崛起和武家政治确立。庄园和地方势力膨胀使军事力量下移，武士阶层兴起。10 世纪起，日本朝廷为镇压叛乱不得不依赖武士的力量，引源、平武士集团进入中央。源氏击败平氏后，源赖朝受封“征夷大将军”，建立了镰仓幕府。在幕府体制下，将军与武士缔结主从关系，武士是将军的家臣，被称为“御家人”。幕府保护武士的既有土地，并根据军功给予赏赐；同时“御家人”必须承担纳贡和军役的义务。镰仓幕府平行于中央朝廷，掌握全国军事、治安大权。幕府内部设有政所、问注所等机构协助将军处理政务，于各领国设置“守护”负责军事，向各庄园派出武士担任地头，负责管理庄园并向领主纳贡。

2. 影响：从社会阶层上来说，武士取代朝廷公卿成为统治阶层，幕府不仅承认了武士的土地所有权，还让武士享有各种特权。从政治上来说，政治中心由朝廷转移到幕府。镰仓幕府与朝廷形成两重政权，幕府依赖朝廷的祭祀礼仪和精神权威，朝廷需要幕府的武力。从经济上来说，作为中小土地所有者的武士较奢靡的京都贵族更注重地方经济建设，促进了日本封建经济的发展。从文化上来说，与京都公卿文化不同的武士文化也蓬勃发展，成为日本文化的重要组成部分。总而言之，自镰仓幕府始，武士集团长期是日本国家的领导者，一直延续到明治维新，对日本历史及其民族精神都产生了深刻影响。

25.1935—1945 年中国共产党基于中国国情和革命的实际需要，不懈推进马克思主义中国化，并形成了马克思主义中国化的第一个历史性成果——毛泽东思想。

（一）背景

1. 思想背景。恩格斯指出：“马克思的整个世界观不是教义，而是方法。它提供的不是现成的教条，而是进一步研究的出发点和供这种研究使用的方法。”马克思主义的实践性要求中国共产党结合中国的具体实际推进马克思主义中国化。

2. 经验教训。中共早期的历史受到教条主义和外部干预影响巨大。由于右倾机会主义和“左”倾冒险主义的错误领导，党在大革命和土地革命时期遭受了严重损失。但毛泽东等人在根据地斗争的探索中找到了新的道路。这从正反两个方面为马克思主义中国化提供了经验教训。

3. 政治基础。1935 年 1 月召开的遵义会议确立了以毛泽东为代表的新的中央的正确领导。这次会议是中国共产党第一次独立自主地运用马克思列宁主义基本原理解决自己的路线、方针和政策的会议。这在组织上、路线上为马克思主义中国化开辟了道路。

（二）过程

1. 马克思主义中国化的酝酿。红军长征到达陕北后，毛泽东总结土地革命战争的经验教训，撰写了《论反对日本帝国主义的策略》《中国革命战争的战略问题》《中国共产党在抗日时期的任务》等一系列文章，纠正了王明“左”倾教条主义的错误。与此同时，毛泽东从思想路线方面总结历史经验教训，发表了《实践论》《矛盾论》等文章，批判了理论与实践相割裂的主观主义，阐明了马克思主义与中国实际之间的辩证关系，论证了马克思主义基本原理同中国革命具体实际相结合的重要性，从哲学的高度奠定了马克思主义中国化的理论基础。

2. 马克思主义中国化的提出。1938 年 9 月召开的六届六中全会是第一次由毛泽东主持召开的中央全会，在马克思主义中国化历史进程上具有重要意义。会上毛泽东在《论新阶段》的政治报告中第一次明确提出了“马克思主义中国化”这一科学命题，并对什么是马克思主义中国化、马克思主义为什么必须中国化、马克思主义中国化的原则等问题作了精辟论述，强调“马克思主义必须和我国的具体特点相结合并通过一定的民族形式才能实现”。

3. 马克思主义中国化的建设。为提高全党的马列主义水平，纠正党内的各种错误思想，中共于1942年开展整风运动。这是中国共产党历史上一次全党范围的普遍的马克思主义教育运动，也是一次伟大的思想解放运动。毛泽东在《改造我们的学习》《整顿党的作风》《反对党八股》等文章中具体地论述了如何实现马克思主义中国化。六届七中全会通过了《关于若干历史问题的决议》，对党的历史作了正确总结，高度评价了毛泽东运用马克思列宁主义的理论和方法来解决中国革命问题的杰出贡献，指出在全党确立毛泽东领导地位的重大意义。

4. 马克思主义中国化的成果。1945年召开的中共七大强调：“毛泽东思想，就是马克思列宁主义的理论与中国革命的实践之统一的思想，就是中国的共产主义，中国的马克思主义。”大会将毛泽东思想确立为党的指导思想并写入党章，实现了马克思主义中国化的第一次历史性飞跃。

（三）意义

1. 实践意义。马克思主义中国化为中国革命和建设的正确实践开辟了道路。在以毛泽东为核心的党中央领导下，中国共产党得以打败日本帝国主义的侵略和国民党的统治，建立了人民当家作主的新中国，实现了民族独立、人民解放，为实现中华民族伟大复兴创造了根本条件。这是马克思主义与中国具体实践相结合的成果。

2. 理论意义。这一时期马克思主义中国化的成果就是毛泽东思想。毛泽东思想作为中国革命和建设的正确的理论原则与经验总结，是经过实践检验的科学真理，具有极其丰富的时代价值。毛泽东思想结合新的实际不断丰富和发展，已成为中华民族的精神支柱和精神财富，具有长久的指导作用。

26. 由于西方列强的侵略和本国阶级矛盾的发展，19世纪亚洲各国纷纷兴起民族解放运动，相继形成了一浪高过一浪的三次高潮，对世界历史造成了重大影响。

（一）三次高潮

1. 第一次高潮：19世纪中期。这次高潮的直接原因是西方列强的军事侵略和征服引发了民族解放运动的反抗。这次高潮包括1825—1830年印尼爪哇人民反荷大起义、1839—1842年第一次阿富汗抗英战争、主张平均主义的1848—1852年伊朗巴布教徒起义、反抗清政府的1851—1864年中国太平天国运动、反抗英国殖民者的印度1857—1859年民族大起义等。这次高潮以旧式起义为表现形式，有力冲击了帝国主义的侵略和本国的腐朽统治。

2. 第二次高潮：19世纪后期。这一时期帝国主义对亚洲各国的入侵从军事层面加深到经济层面。原有自给自足的自然经济受到破坏，刺激了各国民族资本主义产生。面对错综复杂的社会矛盾和救亡图存的现实需要，民族资产阶级走到了历史前台，纷纷发起武装斗争或政治改革，形成了第二次高潮。主要包括日本倒幕运动及其后的明治维新、以国大党为代表的印度民族主义启蒙运动、1884年朝鲜甲申政变、越南抗法斗争、1896—1902年菲律宾独立战争、奥斯曼自1839年起的坦齐马特改革及其后的立宪运动、中国戊戌维新运动及其后的义和团运动。各民族解放运动取得成果不一，有的较为成功，如明治维新使日本成为强国但走上对外扩张道路；有的则走向失败如中国的维新运动。但这些运动都为下一阶段的发展作了铺垫。

3. 第三次高潮：20世纪初期，即列宁所说的“亚洲的觉醒”。这一阶段的解放运动从改良走向革命，在与帝国主义和本国统治者的斗争上更加坚决。发生于帝国主义薄弱环节的俄国1905年革命也鼓励了亚洲各国的斗争。这次高潮包括1905—1911年的伊朗立宪革命、在提拉克等国大党激进派领导下的1905—1908年印度自主自产运动、推翻了反动苏丹哈米德二世的1907—1909年青年土耳其革命、推翻清朝建立中华民国的1911年中国辛亥革命等。这些革命斗争基本上由民族资产阶级领导，采取武装革命的形式。因而这些革命即便有失败衰退，也普遍取得了较大成果。

（二）意义

1. 沉重打击了帝国主义及其代理人。民族解放运动或以帝国主义为目标，或以其代理人——本国的统治者为目标。这些武装斗争虽然没有取得彻底驱逐帝国主义的完全胜利，但却使其心惊胆战。如中国的义和团运动就让列强不敢瓜分中国，使中国避免了沦为完全殖民地的命运；印度民族大起义迫使英国改革印度管理体制，取消东印度公司，改为直接统治。

2. 改变了本国政治体制和阶级力量对比。三次革命高潮中新兴民族资产阶级的力量不断壮大，各国革命者纷纷组建政党领导革命。如中国的同盟会、印度的国大党、奥斯曼的青年土耳其党等。这些民族资产阶级政党的活动刺激了各国原有政治体制转型，转而施行现代的立宪统治。统治阶级的力量不断衰弱，甚至不得不退下政治舞台。如明治维新后的武士、清朝的满洲贵族等。

3. 促进了民族意识的形成。原有亚洲各国并没有现代民族意识，处在自在而非自觉的状态。在与西方列强的斗争中，各国民族意识纷纷觉醒，要求建立属于自己的民族国家。如印度从分裂封建邦国林立转而要求建立统一的印度国家，中国逐渐形成中华民族的概念，提出了“统合汉、满、蒙、回、藏为一大国民”的五族共和口号。因此奠定了现代亚洲的民族国家格局。

4. 刺激了阶级斗争的进一步兴起。至今一切社会的历史都是阶级斗争的历史。民族解放运动为亚洲各国的阶级斗争进一步开辟了道路，而阶级斗争又反过来使民族解放拥有了阶级基础和力量源泉。亚洲许多国家的工人运动最终成为民族解放的承担者，如中国共产党结束了半殖民地半封建社会、越南共产党驱逐了帝国主义并实现了国家独立和统一。

2025年全国硕士研究生招生考试
历史学基础试题参考答案

一、单项选择题

（一）答案速查

1	2	3	4	5	6	7	8	9	10
A	D	D	A	B	C	B	D	D	A
11	12	13	14	15	16	17	18	19	20
A	B	B	C	C	D	C	B	C	A

（二）答案精解

1.A　答案分析：本题为细节知识＋逻辑推理类，考点为新石器时代的文化遗存。题干的主旨是，公元前2600年至公元前2000年左右的城邑，并且逐步成为区域性中心。A选项，陶寺文化约为公元前2600年至公元前2000年，且其规模和影响力符合区域性中心的特征，符合题干主旨。B选项，河姆渡文化距今约5000年至7000年，时间不符。C选项，仰韶文化距今约5000至7000年，时间不符。D选项，大汶口文化距今约4500至6500年，时间不符。

2.D　答案分析：本题为细节知识＋逻辑推理类，考点为魏晋南北朝时期的社会经济。材料的核心主旨是存在大量荒地，这是均田制实施的物质基础，因此D选项正确。A、C选项，均为西晋时期的土地制度，与材料主旨不符。B选项，材料仅体现存在大量荒废田地，并未探明这些荒地产生于何处，不符题干主旨。

3.D　答案分析：本题为逻辑推理类，考点为安史之乱与唐后期的统治。题干主旨大意为“统治者通过控制国家的重要地区，以此地理上的优势获得利益，并控制和治理国家”。这和唐中后期的央地关系有密切联系，此时藩镇割据作乱，中央权威衰落，李吉甫希望借此警醒君王加强对重要地方的管控，以此遏制不断壮大的藩镇势力，因此D选项符合题意。A、B、C选项，题干均未体现。

4.A　答案分析：本题为逻辑推理类，考点为宋元时期的文化。题干的主旨是，宋儒学者们注重发挥儒学在整顿社会秩序之中的实践作用，这符合经世致用的主题，因此A选项符合题意。B选项，知行合一为王守仁首倡。C选项，汉学的主要特点是重视训诂考据。D选项，材料并没有提及天理、人欲，材料和选项无逻辑对应关系。

5.B　答案分析：本题为逻辑推理类，考点为明前期的政治经济措施。题干的主旨是明朝政府对市场交易秩序的保护与规范，因此B选项正确。A选项，题干体现不出明朝商人地位的变化。C选项，这一规定有助于保护正常的贸易秩序，有助于增加国家财政收入。D选项，《大明律》对牙行的规定是对该制度的规范和保护，不会加速其瓦解。

6.C　答案分析：本题为逻辑推理类，考点为洋务运动。题干的主旨是顽固派强调道德胜过科技，而维新派则认为道德只是毫无实际作用的空话，因此C选项正确。A选项，片面反映材料，无法体现核心主旨。B选项，在同文馆之争中，并没有直接涉及是否借鉴西方政体的问题。D选项，材料体现不出两方对于科举制度的观点和看法。

7.B　答案分析：本题为逻辑推理类，考点为重要的不平等条约及其影响。题干的主旨是，发生中外诉讼案件，应由被告所属国官员各按本国法律审断，即将审判权由清朝转交至外国，这一举动侵犯了中国司法主权，因此B选项正确。A选项，这一做法并不能保证审判公正。C选项，不符合题意，也不能据此认为可以减少贸易纠纷。D选项，领事裁判权确立于1843年的中英《五口通商章程》。

8.D　答案分析：本题为逻辑推理类，考点为五四运动与国民革命。题干主旨是1923年京汉铁路大罢工失败的原因是，敌人的联合力量超过了革命力量，中共的教训应与此相关，因此D选项符合题意。A、B选项，均是中国共产党在大革命失败之后逐步总结出的经验教训。C选项，早在中共二大（1922年）就已经确立了这一纲领。

9.D　答案分析：本题为逻辑推理类，考点为抗日民族统一战线的形成。题干的核心材料说明这一时期是在全面抗战爆发之前，同时，通过“在抗日前进阵地的会合”可推断，此时中共已实现红军主力的会师，因此D选项正确。A选项，材料没有提到针对蒋介石的处理等问题。B选项，与题干时间不符。C选项，国共再度合作在全面抗战开始后。

10.A　答案分析：本题为逻辑推理类，考点为国内政治与对外关系。题干的主旨是，毛泽东强调了这些民族主义国家“不参加双方的集团”。此时中苏关系发生重大转折，此前的“一边倒”政策需要逐步调整，因此A选项正确。B、C选项不妥，材料强调的主题是“独立自主”。D选项，材料未直接涉及推动建立均衡的国际政治格局。

11.A　答案分析：本题为细节知识类，考点为古代希腊的宗教与文化。修昔底德在《伯罗奔尼撒战争史》一书中提出，崛起的大国往往会与守成的大国发生冲突，乃至爆发战争，后人称之为“修昔底德陷阱”，因此A选项正确。

12.B　答案分析：本题为细节知识类，考点为阿拉伯帝国。8世纪中叶之后，也即750年之后，此时阿拔斯王朝初建，其统治中心由叙利亚地区迁移至巴格达，因此B选项正确。A选项，倭马亚王朝于7世纪中后期建立。C选项，法蒂玛王朝的衰落于11世纪中期。D选项，赛义德王朝一支为15世纪统治德里苏丹国的王朝，一支为18—19世纪统治阿曼的王朝。

13.B　答案分析：本题为逻辑推理类，考点为西欧主要国家的君主制度。题干的核心主旨是，西法兰克国王是由贵族开会推选出来的，因此B选项正确。A选项，主教仅提出建议，并无废立之权。C选项有违题干主旨。D选项，1265年召开的英国议会和1302年举行的法国三级会议，标志着等级君主制的形成。

14.C　答案分析：本题为逻辑推理类，考点为拜占庭帝国的政治、经济和文化。材料的主旨是，允许贵族获得土地作为他们为国家提供军事服务的回报。这符合拜占庭帝国科穆宁王朝时期推行的普洛尼亚制度（即恩准制），因此C选项正确。A选项，行省制是罗马帝国时期的地方行政制度。B选项，隶农制最早在公元前2世纪出现于意大利。D选项，军区制是希拉克略一世于7世纪初创的制度。

15.C　答案分析：本题为逻辑推理类，考点为文艺复兴。材料的核心主旨是洛伦佐·瓦拉通过考证方法证明“君士坦丁的赠礼”由教廷伪造，体现了文艺复兴时期人文主义的特点，即重视实证研究、批判精神和对古典文化的复兴，因此C选项正确。A选项，经院主义是中世纪欧洲的一种哲学和神学思潮。B选项，历史主义强调的是历史发展的规律。D选项，科学主义诞生于19世纪70年代。

16.D　答案分析：本题为细节知识类，考点为新航路开辟和早期殖民扩张。题干的核心主旨是从1492—1600年美洲印第安人几乎灭绝，而1492年哥伦布发现新大陆，西班牙和葡萄牙对美洲殖民，这是导致印第安人口急遽减少的原因。A、B、C选项不是根本原因，根本原因为欧洲殖民者的扩张与征服，因此D选项正确。

17.C　答案分析：本题为逻辑推理类，考点为三十年战争与《威斯特伐利亚和约》。题干的核心主旨是1648年的《威斯特伐利亚和约》主张一些地区独立，确保帝国诸侯的权利和特权，从而加剧了德意志内部分裂，因此C选项正确。A选项，神圣罗马帝国在1806年被拿破仑取缔。B选项，1555年的《奥格斯堡和约》确立了教随国定，并一直持续到神圣罗马帝国被取缔。D选项，三十年战争促成了德国的再版农奴制，并没有加速其解体。

18.B　答案分析：本题为细节知识类，考点为瓜分非洲。“有效占领”是1884年柏林会议中提出的原则，要求列强在非洲占领土地时，必须通知其他签字国，才会被其他国家承认，因此B选项正确。A选项是1899年美国提出的对华政策。C选项，大陆均衡是英国长期奉行的对欧陆政策。D选项，门罗主义是19世纪初美国总统门罗提出的，反对欧洲列强干涉美洲事务。

19.C　答案分析：本题为逻辑推理类，考点为两战之间的世界。题干的主旨是，1922年苏俄和德国均以自身国家利益为重，暂时放下了意识形态、政治和历史的仇恨，恢复正常外交关系，因此C选项正确。A选项，德国进攻法国标志着绥靖政策失败。B选项，凡尔赛体系在20世纪30年代逐步瓦解。D选项，材料表明双方放下了意识形态的对抗。

20.A　答案分析：本题为逻辑推理类，考点为冷战与两大阵营的对峙。题干的主旨是，处处将苏联当成敌对力量。1947年出台的杜鲁门主义的核心便是“遏制共产主义”，二者有逻辑上的直接关系，因此A选项正确。B选项，马歇尔计划是美国对西欧国家进行经济援助和重建的计划。C选项，麦卡锡主义出台于1950年。D选项，舒曼计划是法国外交部长舒曼发表的有关西欧煤钢联营的计划。

二、史料分析题

21.（1）过程：①元朝初期，行省制度尚未形成定制，其最初主要是为了军事行动以及承担民政事务而设立的临时性机构。②中统到至元年间，正式设立行中书省，官职不固定，由省官出领其事。

作用：①加强中央集权，提高行政效率。行省制度的创立提高了行政效率，同时也便利了中央政府对地方的管理，防止地方割据。②有利于巩固多民族国家的统一。③元代行省制度是中国古代行政区划制度的重要变革，为明清两代所继承和发展，奠定了我国省级行政区划的基础。（16分）

（2）观点：地理环境对行政区划的设置有重要影响，合理的行政区划能充分利用地理优势，提高治理效率，而不合理的设计则可能导致治理困难，甚至引发社会动荡。

评述：①唐宋两代的行政区划较为合理，无论是唐代的道还是宋代的路，地域划分大体上充分利用了地理环境的优势，如黄河、长江等自然屏障，有效维护了地方稳定和中央统治。②元代的行政区划设计较为粗放，如将河南、河北合并，江南、江北合并，导致失去了黄河、长江等自然屏障的保护，使得地方治理困难，流贼难以控制，最终影响了政局的稳定。③明代在元代基础上进行调整，设置“两京十三布政使司”，一定程度恢复了唐宋以来的省区规划。清代在此基础上进一步调整，使得地方行政制度在一定程度上恢复了地理环境的优势，通过这种方式加强了对地方的控制，提高了治理效率。

综上，地理环境与行政区划的合理匹配对于国家的稳定和发展至关重要。合理的行政区划能够充分利用地理优势，提高治理效率，不合理的设计则可能导致治理困难，甚至引发社会动荡。因此，在设计行政区划时，必须充分考虑地理环境的因素，以实现最佳的治理效果。（14分）

（本处为开放性题目，其他观点言之成理亦可得分。得分标准，主要是观点是否明确、论据是否充分、表达是否清晰）

22.（1）原因：①在此前的密苏里州加入联邦一事中，关于奴隶制存废的问题差点引起南北双方的分裂和内战，这使得政客心有余悸。②《密苏里妥协案》，是南北双方经过艰苦谈判才最终达成的，双方在奴隶制问题上达成了一种暂时的平衡，避免了直接冲突，这使得奴隶制问题在一定程度上被搁置。③联邦政府和各州都意识到奴隶制问题的敏感性，为了避免国家分裂，双方在公共话语和政治辩论中避免提及这一问题。（12分）

（2）历史背景：①来自激进派和废奴派的压力。林肯坚持将国家统一作为战争主要目标，这引起国内激进派和废奴派不满。他们强烈要求政府解放南方奴隶，将解放奴隶作为战争最高目标，这给林肯政府带来巨大压力。②战争形势的需要。伴随着南北战争的进行，北方逐渐陷入劣势之中。北方在战场上需要更多的人力和资源来对抗南方，解放奴隶可以为北方提供更多的兵源和劳动力。③舆论支持。奴隶制在道德和法律上都是不公正的，以解放奴隶作为宣传，不仅可以实现社会公正，还能获得舆论支持。

评价：一方面具有积极影响。①《解放宣言》宣布解放南方叛乱州的奴隶，这是美国历史上的一个重要转折点，并为废除美国奴隶制度奠定基础。②增强了北方士气。《解放宣言》激发了北方人民的战斗热情，也使得大量黑人踊跃参军，增强了北方军队的士气，对南北战争的胜利具有积极作用。③推动美国社会的进步，为民权运动奠定基础。④《解放宣言》是美国历史上的一个重要文件，促进了美国社会的平等和公正，影响深远。

另一方面存在一些局限性。①执行不彻底。《解放宣言》并没有立即解放所有奴隶，一些州的奴隶仍然处于受奴役状态，直到战争结束后才得到解放。②在实施过程中遇到了很多阻力和争议，一些地区（尤其是南方地区）对宣言的执行并不积极。③未能改变黑人受歧视的状况。《解放宣言》虽然名义上解放了黑人，但黑人仍然受到各种歧视。种族问题至今仍困扰着美国。（18 分）

三、论述题（每题主体内容 30 分，论述组织 10 分。其他回答言之成理可酌情给分）

23. 东汉政权是在大姓豪族的支持下建立起来的，终东汉一世，作为政权重要统治基础的大姓豪族获得了长足发展，最终导致汉末地方政治发展为割据局面。

（一）特点

1. 聚族而居，宗法性明显。杨联陞认为，所谓豪族，并不是单纯的同姓同宗的集团，是以一个大家族为中心，而有许多家或许多单人以政治或经济的关系依附着它，这样合成一个家族单位。族内经济上互相救助，共同祭祀祖先，保持共同的精神纽带。族长是宗族的统帅，对外是宗族的代表。

2. 掌握大量土地，形成田庄经济。东汉大姓豪族掌握了大量土地，形成规模庞大的田庄经济，这是大姓豪族势力赖以存在的经济基础。豪族势力在此基础上，蓄养了大批宗族、宾客、奴婢。这些人口依附于私人，使国家收入减少而豪强势力坐大。东汉豪族经济日益超越国家控制，光武帝度田也以失败告终。

3. 在地方上权势极大。大姓豪族既有宗族基础，又有丰厚财力，形成强大的乡里势力，与郡守并为地方上的支配力量。与此同时，汉代太守是单车赴任，为了更好治理本郡，往往选择有势力的豪族子弟为掾吏（下属），一旦有事也更可依赖。这加强了豪族在地方的权势。

4. 名门望族累世高官。一些比较突出的名门望族，代代作为孝廉或茂才被举荐到中央担任郎官，逐渐在中央扎根，世世担任二千石之职，形成了“冠盖”或“冠冕”之族。东汉时期名门望族世世高官、垄断重要职位的现象层出不穷，著名的如弘农杨氏四世太尉、汝南袁氏四世三公。

5. 豪族通经致仕，不断儒化。东汉时改革了最主要的选官制度察举制，经学成为最首要最核心的考核标准，只有通经才能入仕。东汉累世传经的世家因经学入仕，再进而累世公卿，这种现实使得大姓豪族普遍研习经学、不断儒化，并形成“严守家法”、“世传家学”的经学传承局面。

（二）影响

1. 中央政权下移。黄巾起义爆发后，中央将“州”由监察区改为一级行政区，将刺史改为州牧。在中央无法提供帮助的情况下，本就十分依赖本地大姓豪族的州牧只能更加依靠其来维持统治。这导致州牧逐渐丧失中央派出色彩，地方属性增强，成为地方豪强势力的代表。

2. 形成地方势力集团。大姓豪族既有自己的宗族势力，也有遍布各处且依附性、忠诚度极高的门生故吏。施行州牧制后，各势力纷纷自领官职、自置僚属，广泛援引亲族、门生、故吏作为下属，形成忠诚度高、凝聚力强的大小不一的势力集团。

3. 地方势力割据混战，争权夺利。董卓专权之后，各地陷入割据混战局面，举其大者有袁绍、曹操、刘备、袁术、孙权、刘表、公孙瓒等势力。一方面，他们共同讨伐董卓；另一方面，各地割据势力互相厮杀，争权夺利。这导致大量人口死亡，中原户口，十不存一。

4. 大姓豪族构成新政权的基础。大姓豪族崛起之后，成为各个政治势力竞相拉拢的强大力量，构成新政权的统治根基。如曹魏政权依靠谯沛武将、汝颍士人支持，孙吴立足江东得到顾陆朱张等江东士族支持，刘备入蜀亦拉拢益州本地士族支持。大姓豪族在魏晋时期继续壮大，终于发展成门阀士族。

24. 吴于廑先生将欧亚大陆游牧世界和农耕世界的矛盾的暴力爆发，归纳为三次大冲击。分别为公元前 2000 年代中叶以印欧人为代表的第一次大冲击；公元前后至公元 7 世纪以日耳曼人、匈奴人为代表的第二次大冲击；13 世纪以蒙古人为代表的第三次大冲击。

（一）基本情况

1. 第一次：约从公元前 2000 年代中叶开始，各大河流域的农耕文明都经历了由北方来的以战车为武装的游牧部族的入侵，这造成了欧亚大陆历史上第一次民族大迁徙。在西亚，喜克索斯人侵入埃及并建立第十五王朝，加喜特人侵入两河流域并建立加喜特巴比伦。在印度，哈拉巴文化终结于雅利安人的入侵。在希腊，北方的多利亚人入侵希腊，造成克里特—迈锡尼文明的终结。在中国，商汤灭夏。

2. 第二次：自公元前后，各游牧部族大规模使用铁器，骑射之术更加精良，对各农耕文明帝国不断冲击，形成了第二次民族大迁徙。例如中国北方先后受到匈奴人、鲜卑人、柔然人、突厥人的冲击。罗马帝国和欧洲也屡遭游牧民族入侵，如西哥特入侵高卢和西班牙、东哥特先后入侵巴尔干和意大利、汪达尔入侵迦太基、匈人入侵高卢、阿瓦尔人入侵匈牙利等。阿拉伯大征服是第二次大迁徙的高潮。阿拉伯人占有了欧亚大陆包括北非农耕世界将近一半的地区，建立了地跨亚、非、欧三洲的大帝国。

3. 第三次：13 世纪起，爆发了以蒙古人为主体，大量突厥人参与其中的第三次大迁徙。经三次西征，蒙古人先后征服中亚、东欧、西亚，建立察合台、窝阔台、金帐、伊尔四大汗国。在中国，蒙古人消灭了西夏、金、南宋，建立元朝。三次大迁徙后，游牧民族普遍农耕化。此后游牧民族对农耕地区的侵袭虽仍存在，但不再出现席卷欧亚大陆的民族大迁徙。

（二）影响

1. 扩大了农耕文明和游牧文明间的技术交流。游牧文明的不少技术传入农耕文明。如喜克索斯人以战车侵入埃及，埃及人即学会战车制造，第十八王朝凭此建立埃及帝国。农耕文明的技术也输出到游牧文明。如斯基泰人从农耕世界学会金属冶炼，进而传播给其他游牧部族。

2. 促进了游牧民族定居和文明交流。游牧民族入主农耕地区后，大都走上农耕化道路，经济基础逐步适应了定居地的上层建筑，形成了新的文明特色，如蛮族入侵后形成中世纪欧洲的基督教文明。

3. 使农耕文明的范围越来越大。游牧民族的农耕化扩大了农耕地区的范围。同时，游牧民族的不断冲击还刺激了农耕地区由孤立闭塞走向互相交流。如阿拉伯人建立的大帝国联通了跨欧亚大陆的商贸网络。

4. 除正面影响外，游牧民族入侵也造成了严重破坏。游牧部族对农耕世界的冲击有时严重破坏了文明的发展。如古代爱琴海文明、哈拉巴文明都因游牧民族入侵而中断。汪达尔人入侵罗马造成巨大的物质和文化损失。但这些破坏相较于更长的历史时段而言是一时的，游牧文明与农耕文明交流、交锋、融合成长。

综上所述，欧亚大陆的三次大迁徙在参与民族、覆盖范围、时间长短上虽然各有不同，但都促进了世界历史从区域走向整体，产生了深远的影响。

25. 四个现代化，即工业现代化、农业现代化、国防现代化、科学技术现代化，其提出和完善经历了漫长的过程。

（一）探索历程

1. 背景：新中国成立初期，毛泽东等老一辈无产阶级革命家逐步提出了实现“现代化的工业、现代化的农业、现代化的交通运输业和现代化的国防”的构想。后来，又逐步确立了“现代化”的战略目标。

2. 提出：1954 年，周恩来初次构想了涵盖工业、农业、交通运输业及国防四大领域的现代化蓝图。1957 年，毛泽东在《关于正确处理人民内部矛盾的问题》的讲话中，明确提出：“将我国建设成为一个具有现代工业、现代农业、现代科学文化的社会主义国家。”1959 年底至 1960 年初，毛泽东在读苏联《政治经济学教科书》时指出，建设社会主义，原来要求是工业现代化、农业现代化、科学文化现代化，现在要加上国防现代化。这样，毛泽东第一次较完整地提出了“四个现代化”的内容。

3. 完善：1960 年 2 月，周恩来在学习《政治经济学教科书》时将“科学文化现代化”改为“科学技术现代化”，使得“四个现代化”的提法更加准确科学。1963 年 1 月，周恩来在上海市科学技术工作会议上强调：我们要实现农业现代化、工业现代化、国防现代化和科学技术现代化，把我们祖国建设成为一个社会主义强国，关键在于实现科学技术的现代化。三届全国人大一次会议上，周恩来宣布四个现代化正式成为国家战略目标。

4.“文革”曲折中的探索：1975 年 1 月，四届全国人大一次会议上，周恩来在《政府工作报告》中重申了分两步走、全面实现四个现代化的战略。同年邓小平全面整顿，四个现代化继续发展。

5. 改革开放后：提出社会主义现代化。1978 年，邓小平指出实现现代化需同步改革生产关系与上层建筑，以适应发展需求。党的十一届三中全会据此开启了经济社会改革，奠定了中国改革的基本方向与逻辑框架。1979 年 3 月，邓小平首次提出“中国式的现代化”概念，并将其和“小康”概念结合起来。为实现现代化，1987 年邓小平进一步提出“三步走”的现代化战略构想。

（二）历史意义

1. 指导意义。四个现代化指导了我国社会主义建设。四个现代化的提出伴随着我国制定和完成第一个五年计划。中国共产党认识到现代化过程中科学技术的重要性。1956 年成立了以陈毅为主任的国家科学规划委员会，并组织全国 600 多位科学家和技术专家编制十二年规划。十二年规划提前五年完成后，又在 1963 年制定了第二个科学技术规划。改革开放后，国家更加重视现代化建设，于 1978 年制定了第三个科学技术规划。

2. 实践意义。四个现代化构想取得了切实的成果。农业现代化上，改良水稻品种，推广化肥，实施“四三方案”，粮食和经济作物产量长足提升。工业现代化上，勘探油田，发展重工业，使我国钢铁、煤炭、船舶、汽车等各项产业大为发展，建设了鞍钢、宝钢等一大批工业企业。科学技术现代化上，自主研发制造喷气式飞机、电子计算机等。国防上，我国于 1964 年爆炸第一颗原子弹，1967 年爆炸第一颗氢弹，1970 年发射第一颗人造卫星。“两弹一星”的成功既是国防现代化，也是科学技术现代化的有力证明。

3. 理论意义。四个现代化理论，是中国共产党对现代化理论探索过程中的重要一环。20 世纪 50—80 年代中国共产党在四个现代化上的探索，使党的理论更结合实际、更实事求是，引领了思想解放。四个现代化为改革开放提供了理论依据，更进一步成为邓小平理论的重要组成部分。其后又为社会主义现代化、中国式现代化的新理论发展提供了理论基础和精神养料。

26.19 世纪中后期欧洲资本主义取得了长足发展，欧洲主要资本主义国家如英国、法国、德国等取得了世界的领导地位，但各国的发展并不平衡。

（一）政治发展状况

1. 政治制度的变化。19 世纪后期，欧洲资本主义国家在政治上出现了新的趋向。行政权力加强，如英国内阁主导议会权力。以军队、警察为代表的国家机器不断强化。政府结构更加完善，尤以英国三次议会改革和文官制度改革为代表。政治民主扩大，各国迫于社会压力纷纷建立普选制，如 1875 年法兰西第三共和国真正确立普选权。政党政治正式形成，如英国的两党制、法国的多党制。

2. 工人运动兴起和社会立法。资本主义工业的飞速发展造就了日益庞大的无产阶级队伍。1875 年德国在马克思、恩格斯影响下建立了社会民主党，其他各国无产阶级政党也相继建立。1889 年第二国际建立。面对工人运动的兴起，资本主义各国不得不由自由放任政策转向干预社会经济生活。1883 年，德国政府颁布《疾病保险法》，1889 年颁布《老年及残疾保险法》。但广大劳动群众日益贫困的状况依然存在，最终导致了战后欧洲的革命。

3. 民族国家统一和列强格局洗牌。这一时期欧洲政治格局发生了很大变化。1870 年意大利统一和 1871 年德国统一象征着民族国家成为欧洲政治的基本单位。意大利和德国统一后成为列强，迅速转向对外扩张和争霸。这导致欧洲国际关系急剧变化，最终形成同盟国和协约国两大帝国主义阵营。

（二）经济发展状况

1. 第二次工业革命。19 世纪 60 年代，开始了以电力的广泛应用为其显著特点的第二次工业革命。第二次工业革命一开始就超出一国的范围而具有更广泛的规模，其发展比第一次工业革命更为迅速。这使得欧洲物质生产力大为增长，社会生活方式迅速变革。

2. 垄断资本主义发展。各国工业革命的开展促使国内企业不断兼并升级，形成大量垄断企业。这些垄断公司同本国政府一道积极向外扩张，夺取殖民地和市场。19 世纪中后期，垄断资本主义兴起并快速扩张，世界市场被瓜分殆尽。这使得垄断形成，虽然提升了经济效率，但各国垄断冲突酿成了世界大战的经济根源。

3. 经济发展不平衡。由于工业革命发展的不同步，欧洲既有以德国为代表的发展快速的新兴资本主义国家，也有发展较为缓慢的老牌资本主义国家（如英、法）。在帝国主义权益和殖民地为后者所据有的情况下，经济实力强却无法倾销产品和垄断原材料的德国遂以强力挑战既有国际秩序。殖民地争夺同欧洲霸权争夺一道成为世界大战的导火索。

历史学统考·估分模拟卷
参考答案

一、单项选择题

（一）答案速查

1	2	3	4	5	6	7	8	9	10
C	D	B	B	C	D	D	C	B	A
11	12	13	14	15	16	17	18	19	20
A	C	C	A	D	B	A	D	B	A

（二）答案精解

1.C　答案分析：本题为逻辑考查类，题干所揭示的主旨是，秦末山东人士普遍“苦秦吏”、苦“秦法”，有了谋反的心思和行动，因此C选项正确。A选项的“比较有限”和“时常遭到反叛”既与史实不符也与题意不符；B选项，“法令之外”既与史实不符也与题意不符；D选项，“报复”的心理或许存在，但“高压统治”的本质是六国旧地难以忍受秦法的严酷，而非秦廷的区别对待或刻意报复。

2.D　答案分析：本题为逻辑考查类，题干所揭示的主旨是，乱世流民“依附”或托庇于坞主、大姓成了依附民，因此D选项正确。A选项过于绝对，坞主大姓原有的部曲、客也是重要来源，且材料明说了这只是“来源之一”；B选项，魏晋南北朝时期依附民的人身自由受到了限制，且材料根本没有涉及此点；C选项与材料不符，题干第二则材料的流民明显依附的是异姓大族。

3.B　答案分析：本题为逻辑考查类，题干所揭示的主旨是，全面包含布帛、粟米、力役的赋役制度，因此B选项正确。A选项，口赋与算赋只是粟米之征；C选项，土断与括户是征收赋役的准备工作；D选项，佃租是有产者向佃户征收的田租。

4.B　答案分析：本题为逻辑考查类，题干所揭示的主旨是，地方收入和敌方兵力都收归中央，且是宋或宋以前的朝代，因此B选项正确。A选项有误，唐朝地方上既有财赋，也有一定兵力；C、D在宋朝之后，可直接排除。

5.C　答案分析：本题为逻辑考查类，题干所揭示的主旨是，舜和周文王虽然都是“夷狄”出身但仍然可以君临中国，因此C选项正确，雍正帝试图表明一个意思——满洲只是中国的一部分。A、B、D选项均不符合题意。

6.D　答案分析：本题为逻辑考查类，题干所揭示的主旨是，英国人明知道鸦片有害且走私鸦片有违中国规定，但仍然要维护英国鸦片走私贩的“财产权”，因此D选项正确，英国人走私鸦片及发动战争主要是为了经济利益。A、B选项尽管有道理，但不符合本题题意；C选项与题干材料无关。

7.D　答案分析：本题为逻辑考查类，题干所揭示的主旨是，清廷对英国有了新的看法，不再笼统视之为夷狄而是有了更精准的把握，因此D选项正确。A选项有误，因为通商不是唯一目的，只是主要目的；B选项的内容在材料中丝毫没有提及；C选项有误，因为奕䜣主张对英国加以“限制”。

8.C　答案分析：本题为逻辑考查类，题干所揭示的主旨是，英法两国为了避免可能的冲突或麻烦，在两国殖民地之间维持一个独立国家作为缓冲区，因此C选项正确。A、D选项明显有误；B选项有一定迷惑性，因为材料显示，英法确实希望保障暹罗的明确国界，但是材料的核心意思是，英法两国不希望彼此的殖民地直接接壤而陷入产生直接冲突的风险，所以尽管 B 选项有其合理性，但是完全不符合题意。新型统考选择题的解题思路恰恰体现在这里，即以符合题意为准。

9.B　答案分析：本题为细节考查类。抗战胜利之后，国民党试图发动内战，这个时候，国际局势非常复杂。国民党背后站着美国，但是美国不同意国民党的战争计划，希望中国走两党联合执政的路子；中共和苏联有千丝万缕的联系，但苏联也极力反对中共和国民党展开直接武装斗争。美国不同意国民党发动内战的原因是多方面的，而苏联不同意中共武装反抗国民党的主要原因是害怕国共内战把背后的美苏两国牵扯进去，让自己陷入和美国直接对抗的风险之中，因此 B 选项正确。A、C、D 选项均不妥，中共与苏共并非敌对关系，苏联不认为中共有实力统一中国，《雅尔塔协定》使中国的主权遭到了损害，而 D 选项所言过于夸张。

10.A　答案分析：本题为逻辑考查类，题干所揭示的主旨是，社会主义改造完成后，毛泽东认为中国将爆发巨大的生产力，有望超过英美，因此 A 选项正确。B 选项在题干中体现不出来；C 选项虽然是史实，但题干只给出了毛泽东一个人的言论，无法体现出这是中共高层领导人的普遍愿望；D 选项并不符合题干主旨。

11.A　答案分析：本题为逻辑考查类，题干所揭示的主旨是，政治领导人的产生方式通过公民大会认可。因此 A 选项正确，这是古希腊的政治运作模式。B、C、D 选项均不妥，古印度、古埃及、古巴比伦等文明古国均不通过公民大会选举政治领导人。

12.C　答案分析：本题为细节考查类。《卡拉卡拉敕令》颁布的目的有两个，一是缓和阶级矛盾、扩大统治基础，二是扩大税源，所有获得公民权者都要担负遗产税及其他相关税收，因此 C 选项正确。A、B 选项与史实不合，D 选项在题干中体现不出来。

13.C　答案分析：本题为逻辑考查类，题干所揭示的主旨是，伊凡四世和彼得一世对教会的影响力有很大区别，因此 C 选项正确。A、B 选项在题干中均体现不出来；D 选项不妥，彼得一世确实通过改革加强了皇权，但仅凭这一小点不足以推出彼得一世改革的"综合"成功。

14.A　答案分析：本题为逻辑考查类，题干所揭示的主旨是，德国试图夺取制海权，因此 A 选项正确。B、C、D 三个选项均有一定的迷惑性，因为三者都与题干的主旨有一定的关联性，但这种关联不是直接的，而是存在一定的逻辑断层。B 选项"海洋的控制权将决定综合国力盛衰"的说法大体是对的，但这是德国想要实行"世界政策"的原因，而不是结果；C 选项不妥，题干中没有体现出海口相关信息；D 选项更多的是一种可能的结果，但这与题干主旨相隔甚远。

15.D　答案分析：本题为逻辑考查类，题干所揭示的主旨是，1917 年布尔什维克在城市的得票率出现了极大的提升，因此 D 选项正确。从后见之明来看，A、C 选项有一定道理，但无法从材料中推断出来。B 选项与题意无关。

16.B　答案分析：本题为细节考查类，检测历史细节知识，拿破仑和希特勒进攻俄罗斯（苏联）时都因恶劣天气而遭遇了失败，因此 B 选项正确。A、C、D 选项均不妥，法国两次攻俄时军事实力都很强大，军队斗志也很旺盛，并无盟友拖累。

17.A　答案分析：本题为细节考查类，检测的是 19 世纪德国和意大利统一运动的相同点和不同点。两国都通过自上而下的王朝战争来实现统一，因此 A 选项正确。B、C、D 选项有误，教皇在两国统一中的作用是不同的，教皇是意大利统一运动的极大阻碍，德国则不然；群众的作用也不相同，意大利统一过程中群众运动发挥了很大作用；外国势力的作用也不相同，意大利的统一较多利用了外部势力，比如通过和法国结盟、利用普奥战争的契机等方式完成统一。

18.D 答案分析：本题为逻辑考查类，题干所揭示的主旨是，从 1919—1929 年，德、意、日三个国家对凡尔赛—华盛顿体系不满，要求改变现状，因此 D 选项正确。A 选项不妥，题干未涉及国联；B 选项有误，德国作为战败国确实受到了一定惩罚，但意、日两国本身就是一战战胜国；C 选项有误，1920 年代是充满和平氛围的十年。

19.B 答案分析：本题为细节考查类。“静坐战”是由英法的绥靖政策造成的，因此 B 选项正确。A 选项有误，英法已经对德宣战了；C、D 选项和静坐战无关。

20.A 答案分析：本题为细节考查类。在 1928—1932 年、1933—1937 年，苏联实施了两个五年计划，这两个五年计划使苏联的工业产值获得了极大提升，因此 A 选项正确。1930 年代欧洲工业高速发展，B 选项有误；西欧并未对苏联实施援助，C 选项有误；1929—1933 年的经济危机确实没有影响苏联，但这并不是苏联工业产值飞速发展的真正原因。

二、史料分析题

21.（1）汉高祖刘邦晚年曾订立一规矩：不是刘氏而称王者，或是没有功劳且没通过天子册封而称侯者，天下共同讨伐他。（6 分）

（2）迁徙江南富户于凤阳；（3 分）分封同姓子弟到各地为王；（3 分）赐予年老的富民爵位；（3 分）掀起胡蓝之狱诛杀功臣。（3 分）

（3）汉高祖：汉高祖逐鹿天下所依靠的功臣大多很有本事且拥有兵权，他认为他们会有不臣之心并威胁自己的统治，事实上许多异姓功臣也确有谋反之迹，同时汉高祖也为自己的后继之君及汉室天下着想，所以着手剪除功臣。（6 分）明太祖：明太祖诛杀功臣的原因与汉高祖类似，但其手段更为残酷，株连更为广泛。为了朱明天下的传承与稳定，明太祖借谋反之名掀起大狱，大量杀害功臣甚至无关人员。胡惟庸、李善长的势力盘根错节，蓝玉拥有军功且在军中威望很高，为了文弱的太子太孙着想，明太祖着手铲除功臣集团。另一方面，功臣们在建国以后确有不法害民事迹，明太祖出身贫寒，深谙民间疾苦与治理天下的不易，故而以重典对待功臣。（6 分）

22.（1）正统原则在当时的欧洲受到普遍认可（或政权只有立足于正统原则才会获得普遍承认），拿破仑不敢说自己取代的是基于正统原则的波旁王朝；（4 分）法国大革命之后确立的共和国冲击了正统原则，在欧洲遭到了普遍攻击，拿破仑强调自己代替共和国，在一定程度上有助于减轻各国对拿破仑帝国的敌对情绪。（4 分）

（2）法国外交代表塔列朗提出的正统原则拥有很大的号召力，并且获得了维也纳参会国的普遍赞同；（4 分）法国虽然是战败国，但本身就是欧洲大国，有很大影响力；（4 分）参会列强之间有矛盾，英国和奥地利希望保存法国的实力，用其制衡俄国和普鲁士。（4 分）

（3）恢复欧洲的旧秩序，各王国恢复统治；确立欧洲四大国的支配地位；重新划分欧洲版图，保持大国均势并防止法国东山再起；划分法国海外殖民地。（10 分）

三、论述题

23. 西周的分封制在中国上古时期的统一进程中发挥了巨大作用。

（一）夏商的央地关系

夏朝和商朝的统治还比较原始，夏朝是以夏后氏为中心的方国部落联盟，商朝是以商王国为主体的方国联合体。从夏朝到商朝，虽然中央集权程度有所提高，但本质上它们都是共主性质的联盟，有着明显的原始性残余和松散性特征。（5分）

（二）分封情况

周武王初步分封：周朝击败商王朝之后，对殷地进行了初步的分封，如监视武庚的三监，成周之南的鲁、燕、齐诸国（均在今河南）。这稳固了周朝对东方的统治。

成王（周公）分封：三监之乱爆发后周公东征，他不仅平定了叛乱，而且征服了广阔的东方领土，在这些领土上进行新的分封。周公长子伯禽受封于鲁，讨伐淮夷、徐戎；太公之子受封于齐，控制渤海沿岸和莱夷地区；成王同母弟叔虞受封于晋，防御戎狄部落内侵；召公受封于燕国，加强对燕山一带戎狄部落的控制；康叔受封于卫，管理殷民七族；微子启受封于宋，管理殷人。通过分封，周朝将广阔的土地纳入了中央统治，朝着国家统一迈进了很大一步。（10分）

（三）中央对地方控制力的提升

宗法制的意义：宗法制一定程度上重塑了中央和地方的从属关系。宗法制是一种严格的血缘等级制度，周天子和同姓受封者有着大宗、小宗之别。受封者不是夏商时期的方国首领，而是周王朝派出去的小宗，与周王室有着严格的宗法从属关系和极强的向心力。在宗法制加持之下，天子“非复诸侯之长而为诸侯之君”，提升了国家的统一性。（5分）

中央与地方的权限及职责：周王对地方诸侯有册封之权；有外出考察巡狩地方之权；也有对地方的监督之权，如周王在地方设有督查性官员“监”及临时性使者；必要时也有移封、撤换诸侯之权；对诸侯国内重要官员也有任命与统御权；甚至在少数情况下，有直接审判地方司法案件的权力。

诸侯本质上是周天子派出监视地方的军政长官，需要定期朝觐与汇报工作；必要时可被周王征召担任王室卿士；有定期上缴贡赋的责任；也有派遣军队、随王出征的义务；地方诸侯虽可世袭，但继承人必须得到周王认可。（10分）

因平王有弑父之嫌，严重冲击了宗法制及王权威严，导致东迁以后王权急剧衰落，从此周王与诸侯关系发生根本改变。然终西周一世，分封制下中央对地方的控制力始终较强，远远超过了松散联盟制下夏商对地方的控制，在中国早期统一进程中发挥了巨大作用。

论述组织（10分）

24. 从1927年到1949年，中共根据不同时期社会矛盾的变化，制定了与革命斗争形势相适应的土地政策。下面将分别论述国共对峙时期、抗日战争时期、解放战争时期中国共产党土地政策的变化。

（一）国共对峙时期（1927—1937年）

八七会议通过了《中国共产党中央执行委员会告全党党员书》，确定了土地革命和武装反抗国民党的总方针，对土地政策作出规定，即没收大地主及中地主的土地，分给佃农及无地农民，“对于小田主则减租，租金率由农民协会规定”。在大革命失败的形势下，这有利于集中打击大中地主阶级，充分发动群众。

1928年，中共六大通过《土地问题决议案》，明确规定：没收地主阶级的一切土地，确定了依靠贫雇农、联合中农的阶级路线，对富农的策略也有调整。由于中共缺乏土地革命的经验，土地所有权等问题依然没有解决。

1931 年，毛泽东总结土地革命的经验，制定了一条完整的土地革命路线，即依靠贫农、雇农，联合中农，限制富农，保护中小工商业者，消灭地主阶级，变封建半封建的土地所有制为农民的土地所有制。自此形成了一条正确的土地革命路线，调动了一切反封建的因素，保证了土地革命的胜利。（12 分）

（二）抗日战争时期（1937—1945 年）

中共在敌后抗日根据地实行“地主减租减息、农民交租交息”的土地政策。为团结各阶层人民一致抗日，中共决定将土地革命时期没收地主土地、实行耕者有其田的政策，改为减租减息的政策。地租，一般以实行二五减租为原则；利息，一般减到不超过社会经济借贷关系所许可的程度（一般为一分、半分利息）。减租减息运动既调动了农民的生产积极性，又有利于团结地主抗日，巩固了抗日统一战线。（8 分）

（三）解放战争时期（1946—1949 年）

1946 年 5 月 4 日，中共中央通过了《关于清算减租及土地问题的指示》（即《五四指示》），将抗日战争时期减租减息的土地政策转变为没收地主土地、分配给农民的土地政策。1947 年 10 月，中共中央颁布《中国土地法大纲》，规定彻底废除封建性和半封建性剥削的土地制度，实行耕者有其田的土地制度。这满足了人民群众对土地的需求，有利于革命力量的发展壮大，加速了人民解放战争的进程。（10 分）

综上所述，从 1927—1949 年，中共的土地政策因时制宜，适应了革命形势的发展，经历了一个不断变化和完善的过程，最终取得新民主主义革命的胜利。

论述组织（10 分）

25.7 世纪初，伊斯兰教创始人穆罕默德统一了阿拉伯半岛。

（一）背景：6—7 世纪之交，阿拉伯半岛矛盾尖锐。政治上，阿拉伯半岛各氏族部落内聚力牢固，强烈排外，常因争夺水源和牧场而爆发战争；对外关系上，阿拉伯半岛先后遭到了埃塞俄比亚和波斯的入侵，也门沦为波斯的属地；经济上，由于外敌入侵，经济遭到了严重破坏，土地荒芜，商路改道，很多人失去了生路，社会矛盾进一步激化。（6 分，写 2 点即可得 6 分）

（二）过程：1. 创教。610 年，出生于麦加没落商人贵族家庭的穆罕默德创立了伊斯兰教，宣称自己是安拉的使者和最后的先知，号召人们信仰唯一的真主安拉。其经典《古兰经》规定了伊斯兰教的基本信仰、教法、宗教义务和作为穆斯林必须恪守的道德规范。伊斯兰教的一些主张顺应了历史发展的需要，缓和了阶级矛盾，是迈出统一步伐的第一步。

2. 徙志及颁布《麦地那宪章》。穆罕默德遭到麦加贵族的迫害，被迫迁往麦地那。穆罕默德于麦地那创立乌马（穆斯林公社），编纂《麦地那宪章》。《麦地那宪章》的主要内容为：公社内部不分氏族部落，穆斯林皆以兄弟相待；公社内部禁止仇杀；维护社会秩序，保障私人财产权。穆罕默德掌握了军、政、教三项大权。

3. 壕沟之战及进军麦加。627 年，麦加贵族联合 11 个部落，组成了一万余人的武装部队进攻麦地那，但穆罕默德利用麦地那三面环山的天险，在城北挖出一条壕沟坚守，不仅迫使对方撤军，而且还乘势追击，大获全胜。从此，穆罕默德和伊斯兰教的影响大增。630 年，穆罕默德率领穆斯林武装进驻麦加，麦加的古莱西贵族宣布改信伊斯兰教，标志着伊斯兰教在阿拉伯半岛的胜利。632 年，阿拉伯半岛基本实现统一。（15 分）

（三）影响：1. 顺应了当时阿拉伯半岛人民的需求，逐步驱逐了外来入侵者在阿拉伯半岛的势力，维护了上层贵族与一般民众的经济利益。

2. 伊斯兰教逐步发展壮大，伴随着阿拉伯帝国的扩张，该教逐步打破了基督教在地中海地区一家独大的局面，改变了地中海世界的文化宗教格局，并在日后逐步成长为世界三大宗教之一。

3. 政局的稳定与统一使得阿拉伯半岛经济发展、文化繁荣，为之后的阿拔斯王朝时期进入黄金时代打下了基础。（9 分）

论述组织（10 分）

26. 19 世纪末至第一次世界大战爆发前，美国在经济高速发展的基础上力图向外扩张，为了控制拉丁美洲及扩大其在亚太地区的影响力，推行了门户开放政策、大棒政策和金元外交等政策，同时对欧洲维持孤立外交。

（一）对亚洲：门户开放政策。门户开放政策主要应用于亚太地区特别是中国。美西战争后，美国也加入了瓜分中国的活动。由于起步较晚，英法等国已经在中国划分了各自的势力范围。美国在无力用军事手段从中国获得势力范围的情况下，提出了门户开放政策。1899 年及 1900 年，美国国务卿海约翰两度向英法等国发出照会，承认列强在华势力范围，并要求其他列强不得以任何方式进行干涉，列强应承认他国在本国势力范围内享有同等的通商、航运等权益。门户开放政策为美国向中国扩展其政治、经济势力打开了方便之门。（8 分）

（二）对拉美：大棒政策及金元外交。大棒政策由美国总统西奥多·罗斯福提出，主要应用于拉丁美洲。其实质是以强大武力为后盾，迫使拉丁美洲国家听命于美国。其最明显的例子，就是 1903 年从哥伦比亚手里夺取巴拿马运河。美西战争之后，美国急于在巴拿马开凿运河，采取威逼利诱等各种方式迫使哥伦比亚签订《巴拿马运河条约》失败后，美国煽动巴拿马从哥伦比亚独立，并立即同其签订条约，控制运河区。大棒政策的运用，加强了美国对拉美的控制。

继罗斯福担任总统的塔夫脱在 1912 年 12 月又提出了金元外交。其手段是扩大美国资本的对外投资，以排挤其他资本主义国家并控制被投资国的经济命脉。金元外交的目的在于利用经济手段对拉丁美洲国家进行控制，进一步杜绝欧洲国家对拉美的控制。利用金元外交，美国加大了对外的资本渗透，攫取了更多的殖民特权。金元外交也被用来作为实现对华门户开放的手段。（16 分）

（三）对欧洲：维持孤立外交。孤立外交首先由美国首任总统华盛顿提出，他在辞职书面演说中强调了避免外国影响的重要性，并提出了“在扩大商业联系的同时避免同外国发生政治联系”的外交方针，这被视为美国孤立主义的先声。这一孤立外交政策延续了一百多年，直到一战才被打破。（6 分）

19 世纪末至 20 世纪初，美国在上述对外政策的指导下，控制了加勒比海、中南美洲，并向南太平洋扩张，为谋夺“世界领导地位”准备了条件。

论述组织（10 分）

考生信息条形码粘贴处

试题信息条形码

二、史料分析题：第 21—22 小题，每小题 30 分，共 60 分。请将答案写在答题纸指定位置上

21.

必须使用黑色字迹笔书写：在答题卡区域内作答，超出黑色矩形边框限定区域的答案无效

考生姓名：

22.

必须使用黑色字迹笔书写：在答题卡区域内作答，超出黑色矩形边框限定区域的答案无效

考生信息条形码粘贴处

25.

必须使用黑色字迹笔书写；在答题卡区域内作答，超出黑色矩形边框限定区域的答案无效考生姓名：

26.

必须使用黑色字迹笔书写：在答题卡区域内作答，超出黑色矩形边框限定区域的答案无效

全国硕士研究生入学统一考试

2025 年 313 历史学基础综合试题答题卡 2

姓　　名

注意事项：

1. 填（书）部分必须使用黑色字迹签字笔书写，字迹工整、笔迹清楚；涂写部分必须使用 2B 铅笔填涂。
2. 选择题的答案必须涂写在答题卡相应题号的选项上，非选择题的答案必须书写在答题卡指定位置的边框区域内。超出答题区域书写的答案无效；在草稿纸、试题册上答题无效。
3. 保持答题卡整洁、不要折叠。严禁在答题卡上做任何标记，否则按无效答卷处理。
4. 考生须把试题册上的“试卷条形码”粘贴条取下，粘贴在答题卡的“试卷条形码粘贴位置”框中。

考生编号（左对齐）

[0]	[0]	[0]	[0]	[0]	[0]	[0]	[0]	[0]	[0]	[0]	[0]	[0]	[0]	[0]
[1]	[1]	[1]	[1]	[1]	[1]	[1]	[1]	[1]	[1]	[1]	[1]	[1]	[1]	[1]
[2]	[2]	[2]	[2]	[2]	[2]	[2]	[2]	[2]	[2]	[2]	[2]	[2]	[2]	[2]
[3]	[3]	[3]	[3]	[3]	[3]	[3]	[3]	[3]	[3]	[3]	[3]	[3]	[3]	[3]
[4]	[4]	[4]	[4]	[4]	[4]	[4]	[4]	[4]	[4]	[4]	[4]	[4]	[4]	[4]
[5]	[5]	[5]	[5]	[5]	[5]	[5]	[5]	[5]	[5]	[5]	[5]	[5]	[5]	[5]
[6]	[6]	[6]	[6]	[6]	[6]	[6]	[6]	[6]	[6]	[6]	[6]	[6]	[6]	[6]
[7]	[7]	[7]	[7]	[7]	[7]	[7]	[7]	[7]	[7]	[7]	[7]	[7]	[7]	[7]
[8]	[8]	[8]	[8]	[8]	[8]	[8]	[8]	[8]	[8]	[8]	[8]	[8]	[8]	[8]
[9]	[9]	[9]	[9]	[9]	[9]	[9]	[9]	[9]	[9]	[9]	[9]	[9]	[9]	[9]

24.

三、论述题：第 23—26 小题，每小题 40 分，共 160 分。请将答案写在答题纸指定位置上

23.

全国硕士研究生入学统一考试
2025 年 313 历史学基础综合试题答题卡 1

报考单位
姓　　名

考生编号（左对齐）														
[0]	[0]	[0]	[0]	[0]	[0]	[0]	[0]	[0]	[0]	[0]	[0]	[0]	[0]	[0]
[1]	[1]	[1]	[1]	[1]	[1]	[1]	[1]	[1]	[1]	[1]	[1]	[1]	[1]	[1]
[2]	[2]	[2]	[2]	[2]	[2]	[2]	[2]	[2]	[2]	[2]	[2]	[2]	[2]	[2]
[3]	[3]	[3]	[3]	[3]	[3]	[3]	[3]	[3]	[3]	[3]	[3]	[3]	[3]	[3]
[4]	[4]	[4]	[4]	[4]	[4]	[4]	[4]	[4]	[4]	[4]	[4]	[4]	[4]	[4]
[5]	[5]	[5]	[5]	[5]	[5]	[5]	[5]	[5]	[5]	[5]	[5]	[5]	[5]	[5]
[6]	[6]	[6]	[6]	[6]	[6]	[6]	[6]	[6]	[6]	[6]	[6]	[6]	[6]	[6]
[7]	[7]	[7]	[7]	[7]	[7]	[7]	[7]	[7]	[7]	[7]	[7]	[7]	[7]	[7]
[8]	[8]	[8]	[8]	[8]	[8]	[8]	[8]	[8]	[8]	[8]	[8]	[8]	[8]	[8]
[9]	[9]	[9]	[9]	[9]	[9]	[9]	[9]	[9]	[9]	[9]	[9]	[9]	[9]	[9]

注意事项：
1. 填（书）部分必须使用黑色字迹签字笔书写，字迹工整、笔迹清楚；涂写部分必须使用 2B 铅笔填涂。
2. 选择题的答案必须涂写在答题卡相应题号的选项上，非选择题的答案必须书写在答题卡指定位置的边框区域内。超出答题区域书写的答案无效；在草稿纸、试题册上答题无效。
3. 保持答题卡整洁、不要折叠。严禁在答题卡上做任何标记，否则按无效答卷处理。
4. 考生须把试题册上的“试卷条形码”粘贴条取下，粘贴在答题卡的“试卷条形码粘贴位置”框中。

正确填涂	■	错误填涂	☒ ☒ ◧ ◧ ▱ ▱ ▬
缺考标志	□	缺考考生信息由监考员填涂并加盖缺考章，盖章不要遮盖考生信息。	

一、单项选择题：第 1—20 小题，每小题 2 分，共 40 分

1 [A] [B] [C] [D]	6 [A] [B] [C] [D]	11 [A] [B] [C] [D]	16 [A] [B] [C] [D]
2 [A] [B] [C] [D]	7 [A] [B] [C] [D]	12 [A] [B] [C] [D]	17 [A] [B] [C] [D]
3 [A] [B] [C] [D]	8 [A] [B] [C] [D]	13 [A] [B] [C] [D]	18 [A] [B] [C] [D]
4 [A] [B] [C] [D]	9 [A] [B] [C] [D]	14 [A] [B] [C] [D]	19 [A] [B] [C] [D]
5 [A] [B] [C] [D]	10 [A] [B] [C] [D]	15 [A] [B] [C] [D]	20 [A] [B] [C] [D]

阴影部分请勿作答或做任何标记